NO MORIRÉ EN EL **DESIERTO**

NO MORIRÉ EN EL **DESIERTO**

Jhonatan Castañeda

No moriré en el desierto

Categoría: inspiracional-testimonio.
primero edición: agosto, 2019

Para ponerse en contacto con el autor:
Facebook: Jhonatan Castañeda
Instagram: @pastorjhonatanc
Twitter: @pastorjhonatanc
Teléfonos: +57-316-617-7888 +1-305-520-9477

ISBN 978-958-48-6688-2

Edición y diagramación: Dalon Herrera
Ilustraciones de carátula: Iliana Castro

Impreso en Colombia

DEDICATORIA

Dedico este libro a Dios, por su inmensa bondad para conmigo y por inspirar cada línea de este libro.

También a mis padres Modesto Castañeda y Nidia Parra, por darme no solo la vida física, sino por mostrarme el camino al Padre celestial con su ejemplo y dedicación.

A mi esposa Sabrina Gómez y mis hijos Isabella y David.

A mis hermanos Yulieth, Jhosua, Jhinery y Jheanine Castañeda.

A la Iglesia Centro de Fe y Esperanza de Cali, por amarme, cuidarme y honrarme como su pastor y su hermano en la fe.

CONTENIDO

PREFACIO

Aunque leemos la Biblia a menudo, muchos versículos solo toman la profundidad adecuada hasta cuando experimentamos una situación extrema. No es lo mismo leer la Escritura desde la tranquilidad emocional o espiritual, que hacerlo cuando nos hallamos en serios problemas.

La Biblia siempre ha sido una parte esencial en mi desarrollo personal, ya que nací y crecí en un hogar donde mi padre era ministro del evangelio a tiempo completo, por lo que mi relación con la Biblia no ha sido ajena, incluso, en aquellos años en los que viví alejado de Dios. Sin embargo, hubo una experiencia vivida en el 2014 que alteró definitivamente mi relación con el sagrado Libro, y la cual se constituye en el elemento inspirador que, con el tiempo, se transformaría en la materia prima de este libro.

Pero antes de llegar a este momento, les contaré un poco sobre mi peregrinar en la fe.

Nací en Medellín, Colombia, casi a la mitad de la década de los 80´s, y los primeros cuatro años de mi vida los pasé prácticamente en una iglesia. En el año de 1999 una situación familiar compleja hizo que mi padre tomara la decisión de sacarnos del país y llevarnos a vivir a los Estados Unidos, dando así inicio a una etapa especial de mi vida caracterizada por todo tipo de altibajos espirituales, que se fue dilatando en el tiempo hasta el año 2012, cuando entendí conveniente regresar a Cali, Colombia, ciudad donde mi padre pastoreaba una congregación por más de 25 años.

Por algún tiempo Dios había venido hablándome de muchas maneras acerca de que ese era el lugar al que yo debía mudarme, y yo obedecí a pesar de que a muchos les pareciera una locura, pues en los Estados Unidos vivía en un ambiente de comodidad y buena situación económica que no admitía discusiones y tampoco tenía algún problema legal que me impidiera estar allá. Cuando mi decisión de mudarme a Cali-Colombia se hizo inminente muchos de mis amigos cuestionaron mi decisión y la calificaron de absurda y algunos, incluso, trataron de convencerme de que lo pensara mejor.

No obstante, al final decidí obedecer a Dios y el 8 de noviembre del 2012 me radiqué en Cali. Recién llegado a la ciudad contraje matrimonio y, casi al mismo tiempo, comenzó una nueva etapa en mi vida como ministro del evangelio, pues mi padre consideró conveniente ponerme al frente del liderazgo juvenil de la congregación. Acepté, no tanto porque mi padre me lo propusiera, sino porque sabía que esa era la voluntad de Dios para mí.

Todo marchó bien hasta aquel 26 de octubre de 2014 cuando mi vida y la de toda mi familia dio un giro radical.

Recuerdo que eran las 4 de la madrugada cuando sonó el celular. Al principio me costó reaccionar, pues casi siempre antes de ir a dormir dejaba el teléfono en modo vibración. Sin embargo, por cosas de Dios esa noche no fue así. Contesté y para mi sorpresa era mi madre llamando desde Europa. Más que la voz de mi madre fue el eco de una sirena de ambulancia como telón de fondo, lo que me hizo comprender al instante que aquella llamada no contenía buenas noticias. «Jhonatan, algo le acabó de suceder a su papá», dijo la voz pasmada de mi madre y enseguida sentí que mi mundo colapsaba a mi alrededor. «Le acaba de dar un paro cardio-respiratorio», remató ella bastante angustiada.

Yo no lo podía creer. Mi padre tenía 58 años y era un hombre muy sano y activo, y no había dado señales de estar con problemas de salud. Eran tan buenas sus condiciones físicas que andaba en París, Francia, cumpliendo con un viaje misionero largamente deseado por él que había comenzado en España y que los llevaría por un buen número de ciudades europeas.

Las palabras de mi madre me dejaron como un témpano de hielo. No sabía cómo reaccionar ni qué decir. Luego de asimilar un poco la situación me puse en la tarea de buscar una manera de viajar a Francia y apersonarme de la situación. Dos días después de haber llegado a París y constatar que la situación era realmente preocupante, recibimos la noticia que marcaría mi vida para siempre: «La situación de su padre no tiene reversa, y es mejor que se preparen para lo peor». Las palabras de los doctores se cumplieron al pie de la letra y mi padre murió, dejando la familia, y a mí particularmente, sumido en el peor de los desiertos.

La partida de mi padre significó el comienzo de un tiempo sobrenatural donde tuve que aprender a depender directamente de Dios en todos los aspectos de mi vida.

El legado de mi padre se me fue traspasado por los líderes de la *Misión Panamericana de Colombia*, lo cual implicó tomar las riendas de la congregación que mi padre había pastoreado por cerca de 27 años. Es en este contexto donde los primeros gérmenes de este libro aparecerán varios meses después. Corría el mes de octubre del 2015 cuando decidí compartir con la iglesia una serie titulada «Sucot: fiesta de los tabernáculos». Mientras me preparaba para impartir dicha serie, busqué un versículo base para la enseñanza y fue así como me encontré con Levíticos 23:41-43.

> «Y le haréis fiesta a Jehová por siete días cada año; será estatuto perpetuo por vuestras generaciones; en el mes séptimo la haréis. En tabernáculos habitareis siete días; todo natural de Israel habitará en tabernáculos, para que sepan vuestros descendientes que en tabernáculos hice yo habitar a los hijos de Israel cuando los saqué de la tierra de Egipto. Yo Jehová vuestro Dios».

Este versículo narra la orden que el Señor le da al pueblo a través de Moisés y expresa su voluntad de convertir ese momento en una auténtica celebración. Yo estaba sencillamente fascinado con la lectura porque por primera vez las palabras claves de ese pasaje resonaban en mi mente con un caudal de inquietud que nunca antes había tenido.

Me llamó la atención que en este texto se hablara al unísono de fiesta, tabernáculos o saqué de la tierra de Egipto. Sabemos que cuando Israel salió de la tierra de Egipto, transitó por el desierto y habitó en tiendas de campaña. ¿Estaba Dios pidiendo a Israel que hiciera una fiesta para que nunca se le olvidara el desierto? Mi inquietud me llevó a examinar con mayor detenimiento el contexto de este pasaje y fue entonces cuando llegué a Éxodo 5.

> «Después Moisés y Aarón entraron a la presencia de Faraón y le dijeron: Jehová el

> Dios de Israel dice así: Deja ir a mi pueblo a celebrarme fiesta en el desierto». (Éxodo 5:10).

La lectura de ese pasaje me dejó más inquieto aún: ¿Cómo así que fiesta en el desierto? Parecía una locura. No hay que ser un geógrafo experto para saber que un desierto no es un lugar agradable. Para la mayoría de creyentes estos son un «sinónimo» de prueba o extrema dificultad. Para muchos de nosotros un desierto puede significar muchas cosas, pero no un lugar para celebrar nada.

Después de meditar profundamente en el significado de estos pasajes y otros anexos, finalmente comprendí lo que Dios quería decir. Para el Señor todo ocurre con un propósito y nada está dispuesto por azar. Para comprender a cabalidad los pensamientos de Dios y procesar su forma de razonar debemos primero desprendernos de muchas «asunciones» o predisposiciones adquiridas. Con los lentes de nuestro razonamiento es imposible ver el *modus operandi* de Dios; hay que despojarse de muchos prejuicios y correr el velo de nuestro entendimiento para poder ver la realidad como nuestro Padre celestial la ve.

Este libro se trata justamente de eso; de aprender a ver los desiertos como lo que son: un lugar de florecimiento o madurez y no de derrota. Pero para esto, primero debemos sintonizarnos con la mente de Dios y fluir a través de ella y dejar que sea ella la que nos exprese sus intenciones y propósitos sublimes por encima de lo que creemos o pensamos. Sabemos de antemano que sus pensamientos no suelen ser los nuestros, y que sus caminos muchísimas veces no coinciden con los nuestros tampoco.

En el libro que ahora tiene en sus manos quiero hablarle de los desiertos según el propósito de Dios y cómo ha sido mi experiencia personal a la hora de asumirlos y aprovecharlos, para que al final de la jornada llegues a la misma conclusión a la que he llegado yo: «no moriré en el desierto, sino que allí celebraré su fidelidad y grandeza para luego contar las obras del Señor».

INTRODUCCIÓN

«No moriré, sino que viviré
Y contaré las obras de JAH»
(Salmos 118:17).

De manera inapropiada muchos cristianos creen que es posible vivir a plenitud las promesas de Dios sin tener que pasar por las pruebas. Y haciendo un paralelo con la vida estudiantil, es como creer que se puede pasar todos los ciclos de formación académica sin tener que hacer pruebas o exámenes de ningún tipo. Todos sabemos que las pruebas para los estudiantes no son una culminación sino un trampolín de ascenso a un nivel superior en el proceso formativo. No creo que hable de algo que resulte extraño de entender, pues todos, sin excepción, de alguna manera estamos familiarizados con las dinámicas de la vida estudiantil.

Sin embargo, por alguna razón, muchos cristianos suelen creer que lo que en la vida cotidiana es fundamental para obtener un grado o un título, es extraño o incierto en el mundo espiritual. Muchas veces no entendemos que Dios es un Dios de procesos y que desea llevarnos de un estado primario, (entiéndase Egipto) a un lugar extraordinario (léase Canaán), y que para que esto sea posible debemos pasar primero por el fuego de las pruebas. Así como no es posible graduarse en cualquier profesión si primero no aprobamos satisfactoriamente los exámenes asignados, tampoco es posible llegar a la completa madurez cristiana sin pasar satisfactoriamente las pruebas. Dicho en otras palabras, queremos pasar del Egipto espiritual a la tierra de la promesa sin transitar por el desierto. Aunque todos quisiéramos que así fuera, de acuerdo a la voluntad de Dios esto no es posible.

La razón por la que muchos cristianos no llegan a la madurez ni alcanzan la plenitud de las promesas dadas por Dios a sus vidas, es sencillamente porque le huyen a las pruebas y a los desiertos como quien huye de una peste. Es triste reconocerlo, pero es así. El concepto de la gracia de Dios ha sido mal entendido y muchos creen que este alude a un tipo de bondad celestial que nos traslada de las miserias de Egipto a las glorias de Canaán sin pasar por el desierto. Y muchos se pasan la vida cristiana esperando que Dios los promueva a una vida sobrenatural sin tener que enfrentar algún tipo de desierto, y cuando menos piensan se les fue la vida y nunca crecieron, ni se desarrollaron ni usaron idóneamente la autoridad espiritual, sencillamente porque toda su atención y enfoque estuvo puesto siempre en esquivar los desiertos.

Por experiencia propia puedo asegurar que, aunque todo desierto en un principio se presume como una etapa dolorosa y de mucho martirio, cuando se asume con humildad y valor, puede convertirse en la mejor temporada de la vida, por cuanto es allí donde la Providencia Divina se hace más patente y sublime y donde el concepto de gracia se depura totalmente hasta dejar de ser eso, un «concepto», para convertirse en una experiencia irrefutable.

Dios no ha creado las pruebas ni los desiertos para aniquilarnos moral o espiritualmente, sino para prepararnos para una vida plena. Esa es la primera idea que trato en este libro. En ese sentido, los desiertos son nuestros mejores aliados y no nuestros más encarnizados enemigos. Dios quiere probarnos quién es Él y qué cosas está dispuesto a hacer por su pueblo, y para ello escogió el mejor de los escenarios posibles para que sus intenciones sean reveladas. Sin embargo, es claro también que depende de nosotros la forma como asumimos esas intenciones. El pueblo de Israel estuvo divagando por 40 años en el desierto antes de llegar a la tierra de la promesa, no por voluntad expresa de Él, sino por la terca actitud del pueblo. Dios confiaba en que la madurez espiritual de los israelitas les permitiera pasar la prueba en un periodo de tiempo mucho más corto, pero no fue idea suya que el pueblo alargara el proceso por 40 años.

Esa es la segunda verdad que trata este libro: aunque los desiertos son la escuela de Dios para promovernos a una vida sobrenatural, depende de nuestra actitud que esa escuela se acorte o se dilate indefinidamente en el tiempo. Cuando nuestra actitud es la correcta y echamos mano de los recursos que tenemos para enfrentar los desafíos de la travesía, entonces el desierto dejará de ser un lugar «abrumador» para convertirse en un santuario de adoración, donde la gloria y majestad del Rey se hace más patente y visible que en cualquier otro sitio. En ese sentido, es nuestra actitud lo que determina el significado del desierto y su duración en el tiempo.

Otro aspecto que quiero resaltar en este escrito es la identidad del desierto. No es lo mismo los desiertos a los que Dios nos lleva para un propósito específico, que aquellos a los que nosotros llegamos por causa del pecado o las malas decisiones. ¿Por qué es importante establecer la diferencia? Porque hay desiertos que son una acción de Dios y otros una consecuencia de nuestro mal proceder. El profeta Elías entró a un desierto no por voluntad de Dios sino llevado por su propia cobardía, y casi se muere, y tuvo Dios que mandar a rescatarlo. Queda claro que a los desiertos se llega por voluntad divina o por voluntad humana; pero en ambos casos, Dios puede usar esos escenarios para mostrar su poder y llevarnos a una relación más profunda con Él.

Otra verdad de la que habla este libro es del desierto como medio y no como fin. Cuando Dios sacó al pueblo de Israel de Egipto tenía en mente una tierra llamada Canaán como destino, y el desierto era solo un tránsito temporal hacia ese fin. Cuando Dios permite las pruebas en tu vida está operando bajo la misma premisa, está pensando en ellas como un instrumento para llevarte a tu verdadero destino. Jesús mismo nos ejemplifica esa verdad. Antes de inaugurar su ministerio en la tierra, fue llevado al desierto para ser probado en todas las esferas. El destino de Jesús era la cruz, no el desierto, y por eso superó la prueba con determinación y valor.

La vida misma, es un desierto en todos los órdenes, por cuanto es el reflejo de un mundo caído, donde las personas, en su gran mayoría, han desechado la soberanía de Dios y han optado por vivir de acuerdo a sus propios criterios y puntos de vista.

Cada vez que echamos un vistazo al mundo actual entendemos que la desesperanza reina por doquier. Cada día el hambre crece en el mundo al mismo ritmo que crecen las plagas, los desastres naturales y la violencia se extiende como una plaga para la que no existe cura: padres contra hijos, hijos contra padres, nación contra nación y reino contra reino, etc. El mundo no parece un lugar ideal para desarrollar esperanza, y los pesimistas cada día pronostican que las cosas irán de mal en peor. Sin embargo, la Biblia promete que la gloria de Dios llenará la tierra como nunca antes en ninguna época de la Historia. Para Dios este mundo caótico, desordenado y aparentemente desahuciado, es el territorio ideal para que sus promesas se hagan realidad.

No obstante, el Señor nos pide interpretar bien los tiempos y leer las señales para poder vivir vidas enmarcadas dentro de la esperanza eterna. Nuestro buen Dios tiene planes como los tuvo con el pueblo de Israel y todo lo que necesitamos es entender los métodos y procesos que Él usa para revelarse y encarnarse en nuestra realidad, de modo que podamos estar listos para la cosecha final. Cuando entiendes el lenguaje de Dios y reconoces en ese lenguaje sus propósitos divinos, entonces cambias tu actitud y disposición frente a los desafíos a los que Él te enfrenta.

Por esta razón es que los israelitas debían ver el desierto como un lugar de fiesta y no como un lugar de derrota. Porque las pruebas son la antesala al final glorioso que Dios tiene para todos sus redimidos. Cuando lo entendemos, no meramente como un concepto filosófico lejano, sino como una realidad factible, vamos a asumirlos con actitud festiva y no con actitud derrotista.

La meta de este libro es, pues, demostrar que los desiertos no son una tumba de claudicación sino el tabernáculo especial donde aprendemos a conocer a Jesús como el Verbo encarnado, el que vive y reina para siempre, el que es Señor en los cielos pero también lo es en la tierra, el que es el Alfa y la Omega, el que cumple sus pactos y sus promesas y nos lleva de gloria en gloria, de triunfo en triunfo y de victoria en victoria, sin importar las adversidades que eventualmente tengamos que enfrentar.

Capítulo 1

DESIERTOS:
UN DISEÑO DE DIOS

«Y te acordarás de todo el camino por donde te ha traído Jehová tu Dios estos cuarenta años en el desierto...». (Deuteronomio 8:2a).

Sabemos que los procesos son la herramienta que Dios usa para cumplir sus propósitos. Pero, aunque tales procesos no son una meta en sí mismos, sino el medio para llevarnos a una finalidad, sí hay que entender que dentro de los procesos hay propósitos específicos.

Nadie conquistó una meta memorable si antes no se preparó adecuadamente para ello. Un deportista de alto rendimiento no se convierte en campeón olímpico de la noche a la mañana, o haciendo uso solamente de la imaginación y el deseo. Tiene que entrenarse duro y renunciar a muchas cosas para poder a llegar a ser una estrella deportiva dentro de su área. Ahora bien, el entrenamiento no es su finalidad máxima, sino el medio para alcanzar lo más alto del podio dentro de una competencia. Su objetivo supremo es la medalla de oro, pero para que ese objetivo se logre tiene primero que cumplir el objetivo de entrenarse a conciencia.

Esta misma lógica se aplica a los procesos de Dios en nuestras vidas. El Señor ha diseñado un propósito específico para cada uno de nosotros, pero esos propósitos no se alcanzan de un día para otro; para que esa finalidad se cumpla, Él ha dispuesta unas rutinas de entrenamientos o «procesos» para garantizar que los anhelos de su corazón se desarrollen a cabalidad.

Cuando Dios sacó al pueblo de Israel de Egipto tenía un propósito en mente: establecerlo en Canaán la tierra de la promesa. Pero entre ese propósito y su realización, tenía que haber primero un proceso o «entrenamiento» a través del desierto. Sin embargo, éste no era la meta sino Canaán, pues sin desierto Canaán no sería posible.

Esto es importante entenderlo, porque como cristianos muchas veces lo pasamos por alto o lo entendemos mal. Muchas personas prefieren referirse al Señor como Dios de propósitos, pero lo ignoran como un Dios de procesos, de modo que cuando se enfrentan a los procesos inevitables de la vida, se confunden o se desilusionan al extremo de juzgar a Dios. Ocurrió con Israel y a menudo ocurre con muchos de nosotros.

El diseño de Dios es integral, completo. Cuando Él piensa en un destino, piensa también en el medio para alcanzarlo plenamente. Y este es el tema que quiero desarrollar en este capítulo.

EL DESIERTO ES EL MEDIO, NO EL FIN

Dios le dice a Moisés lo siguiente en Deuteronomio 8:2a:

«Y te acordarás de todo el camino por donde te ha traído Jehová tu Dios estos cuarenta años en el desierto...».

Dios deja en claro que, aunque Canaán es el destino final, existe una condición previa para que se cumpla esa promesa: transitar el desierto. En otras palabras, asumir el proceso.

El texto indica también que quien los llevó por el desierto fue Dios. Y esto lo empezamos a ver desde Éxodo 5:1:

«Después Moisés y Aarón entraron a la presencia de Faraón y le dijeron: Jehová el Dios de Israel dice así: Deja ir a mi pueblo a celebrarme fiesta en el desierto».

Dios conocía de sobra el corazón de su pueblo, y sabía que antes de someterlo al proceso de la conquista tenía que trabajar en su mentalidad derrotista y prejuiciada para que sus planes ocurrieran de acuerdo a su diseño.

En ese sentido, lo primero que Dios hace es atribuirse la autoría de un plan de acción. Les dice que tanto la idea de la Tierra Prometida como el desierto es suya, y que ambas expresiones hacen parte de un plan maravilloso de redención que no pueden ser asumidas por separado. Esto tenía que quedar bien claro desde el principio, porque el ser humano es selectivo por naturaleza y tiende a hacer énfasis en lo que le conviene y despreciar aquello que implica responsabilidad y cierto riesgo.

Dicho en otras palabras, nos encanta enfocarnos en los resultados finales, en las victorias y conquistas, pero no nos gusta poner el mismo énfasis en el precio que hay que asumir por esas conquistas. Eso explica por qué nos desilusionamos con tanta facilidad y tiramos la toalla cuando las cosas no nos salen bien y nos enfrentamos a los procesos que anteceden a las victorias.

Cuando Dios nos da una promesa, decimos ¡aleluya, gloria a Su nombre!, pero cuando el mismo Dios que nos dio la promesa nos enfrenta a los desafíos previos para que se cumpla la promesa, bajamos la guardia y nos ponemos a la defensiva, pues creemos que es obra del enemigo.

Nos encanta saber que el Señor quiere llevarnos de triunfo en triunfo y de victoria en victoria, pero nos intimidamos y perdemos la motivación cuando comprendemos que entre triunfo y triunfo existe una «y», y que esa y en la vida práctica es normalmente un proceso llamado desierto o lugar de prueba.

El pueblo de Israel llevaba cuatrocientos treinta años de esclavitud en Egipto y su mentalidad se había acostumbrado a ese ambiente de vida. Había aprendido a moverse como pez en el agua en un ambiente de esclavitud, pues para ellos ese era su terreno habitual y no conocían otra cosa. Dios, sin embargo, sabía que con esa mentalidad Israel jamás conquistaría nada por fuera de las fronteras de Egipto, y traza un plan de acondicionamiento mental y espiritual con el propósito de prepararlo para el desafío que le espera, y ese plan de acondicionamiento se llamaba desierto.

Y había una razón para ello. El pueblo de Israel tenía una autoestima tan baja que enfrentarlo al proceso de la conquista sin ese acondicionamiento previo hubiera sido una irresponsabilidad divina. Para Dios era importante acondicionarlo física y espiritualmente primero, y esto implicaba desintoxicarlo de una mentalidad pagana de más de cuatrocientos años de esclavitud. Para este fin, los israelitas necesitaban un lugar neutral entre Egipto y Canaán: el desierto.

Sin embargo, el desierto por sí solo tampoco era una garantía de nada. Y ese es el otro aspecto que necesitamos entender. Los desiertos por sí solos no cambian a nadie, sino lo que ocurre en ese lugar. Del mismo modo que una sala de cirugía no extirpa un tumor maligno sino el médico que trabaja en ella, el desierto era solo el quirófano donde el médico divino iba a extirpar el tumor del paganismo mental que por cuatro siglos se había enquistado en la psiquis del pueblo de Israel.

El desierto era, pues, por decirlo de alguna forma, el gran quirófano donde Dios ejecutaría su gran obra maestra: quitar la mentalidad de esclavitud y trasplantar la mentalidad de conquista. Pero en todo proceso quirúrgico exitoso se requiere, aparte de la sala de cirugía y un médico especialista, la anestesia que facilite el procedimiento.

Creo que todos estamos familiarizados con el papel que ocupa la anestesia en una cirugía de gran impacto. Sin ella, es imposible unas operaciones que implican riesgos altos. En este orden de ideas, el desierto es el quirófano y Dios es el cirujano especialista; pero, ¿cuál es la anestesia?... La adoración del pueblo.

Del mismo modo que la anestesia prepara el organismo para la intervención médica, la adoración prepara el corazón para la intervención divina. Así como no basta con ir a la clínica y confiar en la habilidad de un especialista, tampoco bastaba con que el pueblo fuera al desierto y confiara en Dios. El médico sólo puede operar cuando se ha aplicado la anestesia. De la misma forma Dios hace lo suyo propio cuando el pueblo dispone su corazón en completa adoración.

Ahora tenemos el cuadro completo. Dios quiere hacer del pueblo de Israel un pueblo conquistador y con un destino favorable, pero el pueblo está enfermo y necesita sanidad antes de estar en condiciones de asumir su destino, y ese proceso de restauración ocurre en el desierto por medio de una fiesta de adoración.

La adoración nos predispone para que la buena mano de Dios opere en nosotros conforme su poder y favor. Dios no hace nada por improvisación; todo lo que Él hace obedece a un plan de sanidad integral que tiene como finalidad última llevarnos a cumplir sus propósitos eternos. Pero el mérito es absolutamente de Él, y por lo tanto, los créditos también son suyos y no nuestros. Cuando el Señor nos lleva al desierto, es para mostrarnos «su» poder, «su» favor y por medio de su favor y poder, revelarnos sus propósitos eternos.

EL DESIERTO COMO RADIOGRAFÍA

El desierto no solo es el lugar donde Dios se muestra como médico divino capaz de sanarnos de aquellas enfermedades que nos impiden experimentar vidas cristianas victoriosas. Es también el lugar donde el Señor nos revela nuestra verdadera condición espiritual y nos convence de una urgente necesidad de cambio.

Deuteronomio 8:2b dice lo siguiente: «...Para saber lo que había en tu corazón...». El desierto es el lugar donde Dios nos sana, pero para que esto ocurra, primero Dios nos tiene que diagnosticar la enfermedad.

Nadie (o casi nadie), se sometería a una operación de corazón abierto, si primero el cardiólogo no le muestra las evidencias concretas de esa necesidad. Para eso el médico toma una radiografía para ubicar la fractura o el tumor, y con evidencia en mano, te muestra donde se localiza el problema y cuál es el procedimiento a seguir.

Muchas veces no hay síntomas del problema y solo nos damos cuenta de que estamos en un estado crítico cuando el médico pone ante nosotros la radiografía y nos señala la patología.

Eso ocurrió con el pueblo de Israel. Dios conocía su condición espiritual, y sabía cuánto se había degradado su salud espiritual a lo largo de tantos años de esclavitud, pero el pueblo desconocía su real condición. Por eso Dios los lleva al desierto, para convencerlos de que su corazón estaba enfermo de paganismo y necesitaban con urgencia sanidad divina.

Ocurre exactamente igual con nosotros hoy en día. Tratamos de vivir la vida cristiana y asumir los desafíos que esto implica con corazones enfermos, y a pesar de que nos esforzamos, de que intentamos vivir religiosamente, no avanzamos, no progresamos, no conquistamos, y solo sobrevivimos al día, día, con el mínimo de vitalidad espiritual. Tenemos grandes sueños en Dios, pero sentimos que no nos alcanzan las fuerzas para convertirlos en realidad, y paulatinamente se va instalando en nosotros la sensación de que no somos lo suficientemente dignos para las grandes hazañas. Aunque oramos, leemos la Biblia con frecuencia, asistimos a la iglesia, ofrendamos regularmente, y tratamos de ser piadosos, nada relevante ocurre, ¿la razón?, estamos enfermos, tenemos conflictos no resueltos o no diagnosticados apropiadamente, y eso nos está destruyendo por dentro e impidiendo el progreso espiritual.

Dios, que sí nos conoce profundamente, procura convencernos de que algo anda mal, y empieza a crear un plan de acción para mostrarnos nuestra verdadera condición. Para ello provoca situaciones de desierto, no como castigo, sino como un mecanismo de persuasión, pero no pocas veces nos resistimos, y empezamos a huirle al desierto pensando que es cosa del maligno y no idea de Dios. Ese tipo de actitud antes que reparar la situación, agrava terriblemente el problema.

Dios llevó al pueblo de Israel para mostrarles el estado de su corazón, y ellos asumieron una actitud equivocada. El Señor trató de una y otra forma, pero la rebelión del pueblo fue más grande que su disposición de cambio, solo porque desde un principio no comprendió que los desiertos son un mecanismo de parte del Creador para sanarlo y prepararlo para un destino más grande llamado Canaán.

EL DESIERTO REVELA QUIÉN ES QUIÉN

Lo interesante del desierto no es solo que allí Dios revela quienes somos nosotros. Lo más maravilloso del asunto es que allí se revela quién es Él. No existe un mejor lugar en el mundo para conocer a Dios en toda su gloria que los desiertos.

En Deuteronomio 8:12-15 Dios nos enfatiza otra de las razones por las que nos lleva al desierto.

> «No suceda que comas y te sacies, y edifiques buenas casas en que habites, y tus vacas y tus ovejas se aumenten, y la plata y el oro se te multipliquen, y todo lo que tuvieres se aumente; y se enorgullezca tu corazón, y te olvides de Jehová tu Dios, que te sacó de tierra de Egipto, de casa de servidumbre; que te hizo caminar por un desierto grande y espantoso, lleno de serpientes ardientes, y de escorpiones, y de sed, donde no había agua, y él te sacó agua de la roca del pedernal».

LA NATURALEZA Y CARÁCTER DE DIOS SE ESCLARECEN VÍVIDAMENTE EN EL DESIERTO

Y esto no es un fenómeno aislado o relativo solo a los asuntos espirituales. En el plano físico, los desiertos son de todos los sitios en el mundo el más propicio para conocer el Universo. De hecho, el telescopio más potente de la Tierra se llama ALMA, *Atacama Large Millimeter/Submillimeter Array,* (por sus siglas en inglés) y está ubicado en el desierto de Atacama en los Andes chilenos, a una altitud de 2.900 metros. Y no es una casualidad de que se localice allí.

El desierto de Atacama provee condiciones físicas insuperables para la exploración del espacio exterior, puesto que es considerado el mejor sitio del planeta para observar el firmamento y desarrollar la astronomía, ya que su altura respecto al nivel del mar, la escasa nubosidad, la casi inexistente humedad del aire y la lejana contaminación lumínica y radioeléctrica hacen que la visibilidad de su cielo nocturno sea muy nítida. Debido a esto, más de una docena de observatorios se ubica en este lugar.

Nos es casualidad entonces que este principio radioeléctrico tenga un paralelo tan marcado con el mundo espiritual. El mismo Dios que diseñó el Universo y dio facultades al hombre para su exploración, considera los desiertos (en su sentido espiritual) como los lugares mejor adecuados para conocerle a Él en toda su plenitud y grandeza.

En los desiertos no existe la contaminación lumínica y la visibilidad es tan potente que hace que los sentidos puedan enfocarse con mayor precisión en los misterios siderales. De igual forma, en los desiertos espirituales nuestros sentidos están tan ajenos a las interferencias y distracciones humanas, que se crean las condiciones necesarias para que nos enfoquemos en el Creador del Universo como en ningún otro sitio.

Visto de esta forma, los desiertos antes que intimidarnos deberían seducirnos al extremo de querer llegar a ellos, pues son el terreno fértil para dimensionar la grandeza de Dios sin atenuantes ni distractores.

Cuando un astrónomo profesional o aficionado quiere concentrar su atención en la riqueza y vastedad del Universo, no debe preocuparse solo por comprar unos buenos telescopios, sino que debe considerar el terreno donde puede sacar máximo provecho de ellos, y por supuesto, la lógica indica que esos terrenos son los desiertos deshabitados y no las junglas de cemento o vegetal.

Cada vez que le expresamos a Dios nuestra intención de conocerle, y le decimos que deseamos tener una experiencia íntima con Él donde podamos aumentar nuestro conocimiento de su grandeza, le estamos diciendo que estamos dispuestos a asumir el costo de ese deseo. Sin embargo, el asunto es que muchas veces nos enfocamos solo en una parte de la verdad. Nos ocupamos del *qué*, pero nos olvidamos del *dónde*. Es decir, invertimos en unos buenos telescopios, pero nos olvidamos que esos telescopios no operan por sí solos, y que requieren de un lugar específico para que puedan operar con toda su capacidad visual.

Antes de Dios enfrentar a su pueblo amado al tamaño del desafío que significaba Canaán, los lleva al desierto para que lo conozcan a Él. ¿Con qué propósito? Para que la dádiva no termine reemplazando al dador del regalo. Y creo que ese principio sigue tan vigente hoy como ayer. Cuando nos ocupamos más de la bendición que del dador de la bendición, corremos el peligro de desvirtuar la razón del regalo. Las promesas y las bendiciones de Dios no son un fin en sí mismos, sino el medio por el cual Dios manifiesta su gloria y cumple sus propósitos. La bendición sin Dios es la peor trampa para el alma, y es la razón por la que muchos cristianos terminan estrangulados espiritualmente por dichas bendiciones.

Hacemos tanto énfasis y le metemos todo el entusiasmo a la bendición —llámese como se llame—, que acabamos convirtiéndolo en un Dios o en un objeto de culto. Dios es sabio y conoce ese instinto natural del ser humano de «deificar las cosas», y quiere evitarnos semejante desastre. Su mejor manera de protegernos de nosotros mismos es revelándose primero Él, antes de otorgarnos cualquier tipo de privilegio. Él desea fervientemente ser nuestro mayor tesoro, el eje fundamental de nuestros deseos y motivaciones más profundas, y para eso nos lleva al sitio ideal donde todos nuestros sentidos estén predispuestos para ese fin. De lo contrario, Él sabe que las bendiciones pueden, eventualmente, torcer nuestro corazón y hacernos caer en la vanagloria, y la vanagloria es sin lugar a dudas una autopista de seis carriles hacia la rebelión.

Otro aspecto que debemos considerar en este sentido, es que todo lo que ha sido diseñado con un propósito determinado, tiene que pasar por la prueba antes de obtener un certificado de garantía.

Un vehículo antes de salir de la fábrica y ser exhibido en una sala de ventas, debe pasar primero por la prueba de garantía que lo avale y lo ratifique como plenamente confiable ante el público consumidor. En todo proceso factorial existe lo que se llama control de calidad, y es una escala ineludible para poder garantizar que un producto cumple los estándares de seguridad o salubridad frente a los potenciales compradores.

Creo que no hace falta que haga mucho énfasis en este aspecto para que entendamos el sentido de la alegoría.

Antes de Jesús salir al ruedo de su ministerio público, fue llevado al desierto para ser probado en cuatro aspectos por Satanás. A diferencia de

Israel, el desierto de Jesús no duró 40 años sino 40 días; sin embargo, es interesante notar el paralelo que traza en ambas situaciones el número 40.

Fue una situación tan radical y contundente, que está consignada en tres de los evangelios sinópticos. Por algo debe ser, ¿no?

Veamos:

«Entonces Jesús fue llevado por el Espíritu al desierto, para ser tentado por el diablo».

Mateo 4:1

«Y luego el Espíritu le impulsó al desierto. Y estuvo allí en el desierto cuarenta días, y era tentado por Satanás, y estaba con las fieras; y los ángeles le servían».

Marcos 1:12,13

«Jesús, lleno del Espíritu Santo, volvió del Jordán, y fue llevado por el Espíritu al desierto por cuarenta días, y era tentado por el diablo».

Lucas 4:1, 2a

En las tres narraciones encontramos que Jesús fue llevado por el Espíritu al desierto. Queda claro que Jesús llegó al desierto no porque se hubiera extraviado del camino o porque hubiera perdido el mapa de ubicación, ni siquiera dice que Satanás fue quien tuvo la iniciativa de llevarlo al desierto. Queda claro en los tres evangelios que tampoco fue consecuencia de algún pecado de Jesús el causante de este desierto, pues como sabemos en Jesús no hubo pecado de ninguna clase. La idea de que el Maestro tuviera que pasar cuarenta días en el desierto fue de Dios. ¿Con qué motivo? Ejemplificar la idea del desierto como lugar de prueba y no de castigo.

Pero el reto para Jesús era distinto al resto del pueblo de Israel, y quizás a veces lo sea también para nosotros.

Sin embargo, el principal reto tiene que ver con la idea que tenemos de Dios. Muchos todavía pensamos que Él es un anciano que está en el cielo como un abuelo bonachón que solo reparte bendiciones a sus hijos. Otros, por el contrario, se imaginan a Dios como un juez atento a que alguien se equivoque para enviar juicio y castigo. Otros tienen la idea de que Dios es un bombero que solo está disponible para apagar sus incendios cotidianos. La mejor manera de conocer a Dios es renunciando a los prejuicios y dejando que Él se identifique.

La figura que la Biblia utiliza para referirse a Dios es la figura paterna. Y esto sí que era revolucionario y novedoso en los tiempos del Nuevo Testamento. Los discípulos no tenían problema con la idea de Dios como Señor de la Creación y para ellos su nombre era tan grande que ni siquiera lo podían pronunciar. La única manera de aproximarse a su grandeza era por medio de la apócope *Yoh* por (Yahveh o Jehová) el *Olam* (eterno) *Roi* (Él me ve) el *Shaddai* (el suficiente) *Adon* por (Adonai) y así sucesivamente.

No obstante, Jesús revela una nueva dimensión de la naturaleza y carácter de Dios utilizando un pronombre que ya no denotaba grandeza, sino que connotaba cercanía e intimidad. Jesús llamó a Dios, Padre nuestro, y esto seguramente creó un impacto en los discípulos tan grande que los hizo reevaluar el tipo de relación que ellos tenían con Dios.

Las tradiciones judías habían creado un cerco de lejanía tan grande entre el pueblo y Dios que por más que éste quisiera aproximarse a Él, no tenía un lenguaje que denotara cercanía, y por eso recurrían a calificativos para referirse a Él. De modo que cuando los discípulos escuchan a Jesús referirse a Dios en términos tan íntimos como Abba o Padre, seguramente fueron estremecidos profundamente porque eso era algo que iba contra su concepción tradicional acerca de la naturaleza divina de Dios. No tuvo que haber sido fácil digerir semejante novedad. ¿Cómo es posible que Jesús se refiera a YHWH o Adonai como Abba o Padre?

Eso era demasiado revolucionario para unas mentes tan tradicionalistas y condicionadas como la de los discípulos. Aun así, ellos veían como la forma en que Jesús oraba trascendía los límites de los formalismos y las tradiciones y se ubicaba en un plano de cercanía e intimidad maravilloso.

Jesús no era religioso sino relacional, y eso se manifestaba en los frutos de su espiritualidad. Esa forma de orar de Jesús llamando padre a Dios los conmovió tanto, que pronto llegaron a la conclusión de que ellos no sabían orar, y sin pensarlo dos veces aprovecharon su cercanía con Jesús para pedirle humildemente que les enseñara a orar, así como Él oraba.

Mateo 6:9 y Lucas 11: 2 narra ese conmovedor momento. Jesús les enseña a sus discípulos orar a Dios introduciendo el pronombre Padre nuestro, iniciando con eso un nuevo ciclo en su tarea de discipulado.

Ahora bien, aquí debemos detenernos un momento y hacer un acto de reflexión. ¿Dónde aprendió Jesús —el humano, no el divino— a conocer esa dimensión paternal de Dios? A veces creemos que cuando Jesús vino al mundo ya traía todo integrado para cumplir su misión apostólica aquí en la tierra, pero la Biblia desmiente esa asunción en Lucas 2:52 cuando dice que Jesús «crecía en sabiduría y en estatura, y en gracia para con Dios y los hombres».

Si leemos con atención este pasaje nos damos cuenta de que Jesús tuvo que vivir un proceso de crecimiento en cuatro ámbitos: el físico, el espiritual, el intelectual, y el social. Y para que su ministerio fuera eficiente en todos los aspectos tuvo que ser probado en todas estas áreas. Él tuvo que aprender a conocer a Dios como padre por medio de las pruebas. No fue algo que Él aprendió de la noche a la mañana, como tampoco pasó de la infancia a la adultez de un día para otro. Cuando estudiamos detenidamente lo que ocurrió con Jesús durante los cuarenta días que Él estuvo en el desierto, nos damos cuenta de que Él fue probado en esos cuatro aspectos: *físico*, «tuvo hambre», Mateo 4:2, *identidad espiritual*, «si eres el hijo de Dios», Mateo 4:6, *en lo intelectual*, «escrito está también», Mateo 4:7, y *socialmente*, «todo esto te daré: fama, riqueza, poder» Mateo 4:9.

Aunque Jesús fue probado en el desierto en estas cuatro esferas, quiero detenerme un momento en la prueba de su identidad espiritual. Jesús supo que efectivamente Dios era su padre y que Él era su hijo en el desierto. Una cosa es saber que Dios es padre y otra muy distinta experimentarlo como tal.

Esa es la gracia del desierto. Transforma el conocimiento teórico en una experiencia viva. Muchas veces sabemos cosas porque la hemos aprendido en un libro o en la experiencia ajena, pero que distinto es cuando eso que sabemos deja de ser meramente un concepto para transformarse en una vivencia personal. Los desiertos tienen la capacidad de transformar los conceptos mentales en experiencias reales del corazón.

Ocurrió con Jesús y ocurrirá con nosotros si tenemos la disposición de permitir que las pruebas nos lleven a un nivel de madurez espiritual que nos habilite para las grandes conquistas.

El problema es que muchos cristianos quieren madurez sin prueba. Anhelan que Dios los honre con tremendas bendiciones, pero sin necesidad de probar su confiabilidad.

¿Se imaginan que alguien que aspira a un gran cargo público se le otorgue dicha distinción, simplemente por «palanca» y no por mérito? Lo más probable es que nos enojamos y protestamos cuando nos damos cuenta que alguien ocupa un cargo público con un gran sueldo sin siquiera haber demostrado que es apto para esa tarea, y no vacilamos en llamar esa acción como un acto de corrupción porque la persona no es competente en esa área. ¿Se imagina usted un médico aspirando a ejercer la medicina sin haber probado que efectivamente estudió para ello? Sencillamente no lo concebimos como algo legal.

Sucede lo mismo con nuestra vida espiritual. No podemos aspirar a experimentar la paternidad de Dios si primero no somos probados como hijos. La paternidad se prueba no en un documento sino en la práctica. Los desiertos son el lugar favorito de Dios para mostrarse como un padre amoroso que cuida y preserva a sus hijos de la derrota, para probar que Él suple y cumple fielmente su rol de padre en medio de las adversidades más terribles.

La Biblia dice al respecto lo siguiente: «Ten por cierto que, así como un padre disciplina a su hijo, el Señor tu Dios te disciplina para tu propio bien». Deuteronomio 8:5 (NTV).

De acuerdo a lo anterior, los desiertos son el sitio propicio donde Dios como buen padre prueba su paternidad a fin de hacernos hijos disciplinados y capacitados para vivir la plenitud de nuestra identidad de hijos. En los desiertos la teoría deja de ser eso, teoría, para convertirse en confianza, en fe, en seguridad en que el Dios que me llamó conforme a su propósito no me dejará, sino que estará conmigo hasta terminar su buena obra en mi vida.

Para complementar esta idea la Biblia dice claramente en Deuteronomio 31:8 lo siguiente: «Y el Señor va delante de ti; él estará contigo, no te dejará, ni te desamparará; no temas ni te intimides».

Así las cosas, los desiertos no fueron diseñados para nuestra destrucción sino para construir en nosotros la confianza suficiente que nos lleve a un nivel más alto de vida. Recuerda que los desiertos no son un fin sino el medio para llevarte a esa tierra de promesa y victoria que Dios tiene reservada para ti como su hijo amado.

Por si nos quedan dudas, mira lo que dice Deuteronomio 8:15: «...que te hizo caminar por un desierto grande y espantoso, lleno de serpientes ardientes, y de escorpiones, y de sed, donde no había agua, y él te sacó agua del pedernal; que te sustentó con maná en el desierto, comida que tus padres no habían conocido, afligiéndote y probándote, para a la postre hacerte bien;».

Aunque la descripción de las circunstancias que caracterizaban el desierto pueden intimidar a cualquiera por la rudeza con que se presentan, quiero que te enfoques, no en el cómo sino en el para qué: «para a la postre hacerte bien».

Yo no sé qué tipo de desiertos estés enfrentando en este momento, ni qué tipo de circunstancias lo caractericen. Lo que sí sé con certeza, es que eso que ahora te aflige y te causa terror tiene un propósito extraordinario: demostrar la grandeza de Dios para sacar provecho de la adversidad y encauzarla a tu favor. Cuando Él permite algo en nuestras vidas es porque está seguro de que ese algo, por terrible que sea, es la forma apropiada para bendecirnos.

Puede que suene contradictorio, pero así es. Lo digo desde mi propia experiencia. Los desiertos como vimos en este capítulo, son el medio que Dios usa para alistarnos para las conquistas más asombrosas. Cuando el Todopoderoso se propone hacernos bien, Él usará cualquier medio que tenga a su disposición para que su voluntad finalmente se imponga.

Capítulo 2

CREYENDO EN DIOS

Según el *Diccionario Evangélico de Teología Bíblica de Baker* (Baker's Evangelical Dictionary of Theology) la palabra «fe» se define como «creer, confiar y tener lealtad hacia una persona o cosa». Esta definición nos lleva inevitablemente a mirar la fe desde el punto de vista de la confianza.

Si la fe se erige sobre el baluarte del creer, entonces, estoy convencido de que el primer propósito de todo desierto es perfeccionar nuestra fe. Por supuesto, esta no es la única finalidad de los desiertos, pero en mi opinión, sí creo que es el primero y más importante. Hay otros propósitos secundarios y cada uno de estos propósitos va adquiriendo su propia individualización según lo que Dios quiera enseñarnos en esa etapa específica de nuestras vidas.

Ahora bien, para entender el propósito principal, el cual es perfeccionar nuestra fe, debemos partir de un entendimiento básico respecto a lo que significa creer. Sé que podríamos escribir una enciclopedia completa sobre el tema de la fe, pero en este capítulo quiero detenerme apenas en los aspectos básicos que nos ofrece el diccionario bíblico.

Si decimos que la fe es esencialmente creer y confiar, entonces valdría la pena preguntarse a qué tipo de confianza se refiere la Biblia cuando nos remite a esta palabra como la materia prima de la fe.

No se requiere de una gran profundidad teológica para entender que cuando la Biblia habla de creer se refiere primordialmente a creer en Dios como artífice y creador de todo lo que existe. Pero ¿qué significa en términos sencillos creer en Dios? Abrir la boca y declarar que creemos en Dios es un ejercicio verbal muy fácil de llevar a cabo pues solo se involucran nuestras cuerdas vocales. Cuando un predicador pregunta a la congregación, ¿cuantos creen en Dios? la gran mayoría de asistentes levanta sus manos y con un fuerte «amén» afirma positivamente que creen en Dios. La pregunta que debemos hacernos es si esa espontánea declaración es suficiente prueba de confianza, o si más bien debemos preguntarnos si los mecanismos que prueban nuestra fe no está tanto en el territorio de las palabras como en el territorio de los hechos.

No quiero decir que hacer declaraciones espontáneas de fe no sean importantes y no tengan su legítimo valor como «afirmadores» de lo que creemos. Lo que pretendo decir es que las palabras por sí solas no es el verdadero campo de batalla donde se prueba la fe sino los desiertos que experimentamos en diferentes momentos de nuestra vida cristiana. En este sentido, es importante señalar que las palabras solo confirman lo que ya ha sido probado, pero por sí mismas las palabras no tienen el poder de probar si mi confianza es auténtica o no. El único lugar certificado, por decirlo así, para probar nuestra fe son los desiertos, o las circunstancias concretas relacionadas con lo que se ha afirmado.

Lo pongo en términos más simples. Si alguien te dice que sabe manejar un auto, tú le crees y punto. Sin embargo, sus palabras no son una prueba contundente de confiabilidad. ¿Cuál sería entonces una prueba contundente de confiabilidad? La acción misma. Cuando la persona se pone frente al volante y demuestra en la práctica que realmente sabe manejar. Las palabras tienen que ser respaldadas por los hechos para que haya confiabilidad.

Ocurre de la misma manera cuando decimos o declaramos que creemos en Dios como proveedor. Decirlo en muy fácil y no implica un esfuerzo más allá del de articular palabras. Pero ¿qué prueba que lo que decimos realmente coincide con la realidad? Los hechos. Cuando de repente nos quedamos sin trabajo y perdemos nuestra fuente de ingresos. Son las experiencias reales de escasez las que prueban si nuestra fe en Dios como proveedor es genuina o no. Sin embargo, es en medio de las experiencias difíciles donde la mayoría de las personas se desesperan y empiezan a vivir de acuerdo al dictamen de las circunstancias en vez de esperar en Dios, pues si creemos en Él, no deberíamos angustiarnos y simplemente confiar en que Él no nos fallará.

Aunque la palabra fe está compuesta de dos letras «f» y «e» y al ser articuladas fonéticamente crean una palabra: «fe», su operatividad no está en su pronunciación sino en su experimentación. Decir que Dios es Jehová Rapha, es una declaración verídica, porque ciertamente es una afirmación verdadera. No obstante, su declaración no es suficiente para probar que mi confianza es genuina. Declarar que Dios es nuestro sanador tiene que ser probada no declarando sino confiando. ¿Cómo? Cuando asistimos al médico y de pronto este nos da un diagnóstico inesperado: «No hay cura para su enfermedad». Es en el momento en que lo que tú declaras se confronta con lo que el doctor dice donde aflora la verdad de lo que creemos. Tú crees que Dios sana, pero el doctor cree que tu enfermedad es irreversible. ¿Cuál de las dos declaraciones te genera más confianza? Es fácil responder que Dios, cuando uno no es el testigo directo de los hechos; pero cuando uno o un familiar cercano es el epicentro del diagnóstico médico entonces la teoría se vuelve realidad, y es esa realidad la que prueba el tipo de confianza que tengo.

Las palabras tienen el poder de *afirmar*, pero no el poder de *probar*. El problema es cuando nos pasamos la vida de afirmación en afirmación, pero no permitimos que Dios nos lleve al nivel de la prueba para saber si realmente lo que digo es sincero o no. La Biblia dice expresamente: «Este pueblo de labios me honra, mas su corazón está lejos de mí». (Mateo 15:8-9). Un análisis rápido de este pasaje nos permite sacar dos conclusiones: Las palabras no necesariamente corren en la misma dirección que el corazón y el corazón no necesariamente obedece lo que dicen las palabras. Muy sencillo. El corazón no se mueve por palabras sino por realidades. A usted le pueden decir de mil maneras que lo aman, y su corazón aun así mostrarse apático y reacio. Pero una sencilla acción tiene el poder de mover las fibras más íntimas del corazón. ¿Estoy en lo cierto o no?

Ocurre de la misma manera con Dios. Su corazón no reacciona tanto por lo que decimos sino por lo que hacemos. Pero lo más increíble es que ocurre lo mismo de manera inversa. Nuestro corazón no se mueve por lo que Dios dice sino por lo que Él hace. Aunque las palabras del Señor siempre coinciden con sus hechos (porque Él es veraz en todos los sentidos)son estos últimos los que realmente nos mueven el corazón. Si las palabras de Dios fueran suficientes para probar nuestra confianza, entonces Él se hubiera limitado a utilizar solo palabras, pero no, Él pasó de la retórica a la práctica. Cuando dijo que podía hacer algo lo demostró en el terreno de las acciones.

CREER SIGNIFICA VER HACER Y NO SOLO OÍR DECIR

Éxodo 4 es un pasaje muy interesante porque habla de una fe operativa, es decir, una que está basada en acciones y no en palabras. El contexto de este pasaje es bastante conocido, porque deja en evidencias algunas claves importantes para tener en cuenta en el proceso de crecer en confianza.

Dios está dialogando con Moisés acerca del encargo solemne que le aguarda. Sin embargo, Moisés desconfía en todos los niveles: desde la misión que se le está encomendando, pasando por su autoestima, y llegando incluso a desconfiar de Dios mismo. El Señor tiene que derribar los argumentos de Moisés, pero lo interesante es que su forma de derribarlos no es reprochando o argumentando con palabras. Él le había dicho a Moisés: «Ve al Faraón y a los hijos de Israel y diles que los sacaré de la aflicción de Egipto a la tierra de Canaán». (Éxodo 3:17). Pero para Moisés las palabras de Dios parecen no ser suficientes para generar en él un tipo de confianza suficiente para asumir el desafío de la obediencia. Dios es consciente de que sus palabras no serán suficientes para persuadir a Moisés y acude a los hechos para demostrar que Él es un Dios totalmente confiable. Después de dialogar por un rato, el Señor le pregunta a Moisés ¿qué tiene en la mano?, y Moisés responde que una vara. (Éxodo 4: 2). Acto seguido, Dios le pide que extienda la vara en el piso y Moisés obedece.

Las cosas simples requieren una obediencia simple. El pedido de Dios no implicaba mucho sacrificio por parte de Moisés, pues soltar una vara es algo muy fácil de hacer.

Lo increíble aquí es lo que pasa después de que Moisés obedece aquel mandato simple. La vara se convierte en una ponzoñosa serpiente. Lo que ocurre de ahí en adelante es lo verdaderamente relevante del pasaje. Dios comienza a demostrar con «hechos» el tipo de Dios que Él es, pero también el tipo de confianza que demanda. El que Dios convirtiera una vara en una serpiente era ya una prueba contundente de su grandeza, sin embargo, para Dios no era suficiente demostración de poder para avalar su grandeza. Dios vuelve a probar la confianza de Moisés haciéndole un pedido mucho más insólito. ¿Qué le pidió Dios a Moisés? Le pidió que tomara la serpiente por la cola. ¡Caramba! Que prueba de confianza más radical. El sentido común indica que las culebras no se cogen por la cola sino por la cabeza. Bueno, Dios, quiere probar que la lógica humana no es su propia lógica, y quiere ubicar a Moisés dentro de la lógica divina. No obstante, eso implicaba una prueba de fe muy grande, pues Moisés tenía que confiar más en Dios que en su propio sentido común. Hasta este punto el temeroso Moisés había argumentado con Dios de forma convincente y sólida, y Dios no había tenido problema en derribar sus argumentos de manera poderosa. Pero en este punto Moisés deja de argumentar y obedece en contra de su propia lógica. Él hubiera podido pensar, si agarro la serpiente por la cola lo más probable es que esta desgraciada me muerda. Y aunque la duda estaba presente, Moisés decidió obedecer sin decir una sola palabra. Increíblemente la serpiente no lo picó, sino que se convirtió de nuevo en una vara.

La pregunta que surge aquí es, ¿quién estaba probando a quién? En mi opinión era una prueba multipropósito. Dios está probando la confiabilidad de Moisés, pero a su vez le está probando que Él es un Dios confiable, y que lo que Él dice tiene un respaldo en los hechos.

Moisés creyó que efectivamente Jehová era Dios, no porque lo escuchó decir, sino porque lo vio actuar como tal.

¿Cuántas veces hemos escuchado decir que Dios es poderoso y que es el creador del Universo? Posiblemente miles de veces, y, aun así, seguimos dudando cada vez que estamos en medio de una circunstancia adversa. La lección aquí en clara; las palabras por sí solas se las lleva el viento; las palabras tienen que ser acompañadas por los hechos para que generen un nivel de confianza contundente como para hacerme vivir en obediencia plena.

En ese sentido, los desiertos tienen esa virtud. De hacer que lo que conocemos por medio de las palabras adquieran una vitalidad especial por medio de las acciones.

Según Éxodo 3:16, Moisés sabía quién era Dios. Sabía que Él era el Dios de Abraham, Isaac y Jacob, pero lo sabía de oídas, y a pesar de saber esa verdad, ésta todavía no había hecho clic en su corazón, y por eso Moisés era un hombre lleno de inseguridades. Pero fue a partir de una prueba de fe «agarrar la serpiente por la cola» que su conocimiento teórico se volvió en experiencia vívida y real.

LOS DESIERTOS SON EL GIMNASIO DE LA CONFIANZA

La confianza es uno de los atributos más hermosos, pero también es uno de los más frágiles. Llegar a confiar en alguien puede llevarnos años, y perder esa confianza solo puede tomar un instante. Una sola acción, un solo gesto, es suficiente para que la confianza se diluya en la duda y la incredulidad.

Por eso Dios está tan interesado en que nuestra confianza en Él no sea flor de un día, ni sea producto de la autosugestión, sino el producto de una relación íntima con Él. Sin embargo, para poder confiar en alguien primero debemos confiar en nosotros mismos. Sin confianza interna es imposible generar confianza externa.

Dios nos conoce profundamente porque Él nos diseñó y sabe cómo operamos. Por ese motivo antes de que confiemos en Él, Él trata con nuestras inseguridades. Creo que este aspecto no es difícil de comprender, pues lidiamos con él permanentemente.

Una esposa o un esposo inseguro de sí mismo siempre va a proyectar su inseguridad en su pareja. La razón por la que existen los celos enfermizos es justamente porque la persona se siente tan insegura de sí misma que no puede generar confianza en su compañero o compañera. El motivo por el que muchas veces perdemos grandes oportunidades laborales, empresariales, o incluso ministeriales, no es por la falta de oportunidades, sino por la inseguridad que nos domina. Nos encanta que la gente confíe en nosotros, pero en la práctica nosotros somos nuestros peores saboteadores. Nos da tanto miedo los desafíos que los evitamos a toda costa. A veces cuando vemos una persona predicando en el púlpito o dirigiendo un grupo de oración, sentimos una especie de envidia santa, pero cuando se nos pide que dirijamos una sencilla oración en público o asumamos el liderazgo de un grupo pequeño nos sentimos aprisionados por el miedo y la inseguridad y empezamos a buscar excusas para evadirnos. En consecuencia, no dejamos de ser espectadores, pues creemos que no tenemos la madera necesaria para enfrentar los desafíos del liderazgo.

Dios conoce nuestras falencias y no se resigna a que ellas nos priven del destino que Él ha diseñado para nosotros. Él conocía perfectamente las inseguridades de Moisés, pero no permitió que éstas determinarán su vida. Dios trató con sus inseguridades para poder revelarse a sí mismo en todo su esplendor. Recordemos que antes de convertirlo en el pastor de un pueblo lo llevó al desierto de Madián a entrenarlo pastoreando las ovejas de su suegro Jetro. El desierto era apenas un medio de capacitación para un propósito mayor. Y es así como debemos asumir los desiertos, como el instrumento de Dios para generar la confianza que necesitamos para cumplir el destino que Él designó para nosotros.

Sin fe es imposible agradar a Dios (Hebreos 11:6), pues ella es la fuerza motriz que mueve la voluntad humana. No obstante, la fe no se da por generación espontánea, no es algo que llega sobrenaturalmente del cielo y se inserta en nuestro espíritu. La fe es algo inherente al ser humano, es parte de nuestro diseño estructural, de hecho, la Biblia dice que todos tenemos una medida de fe; sin embargo, esa medida de fe puede desarrollarse hasta producir frutos abundantes, o puede decrecer hasta morir. La Biblia dice en Santiago que la fe que no se pule a través de las acciones muere. (Santiago 2:17).

Ahora bien, ¿cuál es el terreno fértil para que la fe crezca y se convierta en una confianza sólida y fructífera? Los desiertos. La Biblia es reiterativa al decir que la prueba constante de nuestra fe es lo que la hace madurar y desarrollarse. En ese sentido, comparo la fe con un músculo del cuerpo. Si alguien quiere desarrollar bíceps y tríceps fuertes y robustos no puede bastarse con declarar ese deseo, tiene que asistir regularmente al gimnasio y someterse a una disciplina de entrenamiento que garantice un crecimiento continuo en los músculos que quiere desarrollar.

El paralelo no puede ser más exacto. El gimnasio de la fe se llama los desiertos. Santiago 1:3 dice que la prueba de la fe produce constancia o paciencia. Y la paciencia es el germen natural de la confianza. El que confía sabe esperar, y el que espera en Dios jamás será avergonzado.

El problema es que vivimos en una sociedad automatizada regida por lo instantáneo, donde esperar ya no es una virtud sino una anomalía cultural. Por eso nos enfadamos tan rápido cuando la realidad nos somete a cualquier tipo de espera. Cuando vamos al banco queremos usar la fila rápida para salir al instante, cuando vamos a comer a algún restaurante queremos que el servicio sea acelerado y efectivo. Por eso las comidas rápidas (fast food) tienen tanto éxito. Y hablando de éxito, ni se diga. Las personas quieren conquistar el éxito sin mucho esfuerzo. La mujer que quiere una cintura de avispa ya no necesita pasar por el gimnasio y trabajar duramente hasta fortalecer los músculos del estómago, sino que ahora tiene la posibilidad de pasar por el quirófano y lograr con una cirugía lo que normalmente le tomaría meses. Abundan los ejemplos en este sentido. Lo peor de todo, es que muchos cristianos estamos aplicando esta misma filosofía del *fast food* con el tema de la fe. Creemos que tener fe es cuestión de confesarlo y ya. Pero las vanas repeticiones no producen fe sino una espiritualidad superficial.

Solemos confundir *cronos* con *kairos*. El hombre natural vive por cronómetro, pero los hombres y las mujeres de Dios vivimos por kairos, es decir, en el tiempo perfecto de Dios. El cronómetro jamás será un aliado de la confianza. Así como el agua y el aceite no se pueden amalgamar, la fe y el cronómetro no se llevan bien, se repudian. La fe se mueve y opera en el *kairos* de Dios. Y no solo la fe, también el amor. Por eso el amor es paciente y todo lo espera. La virtud de los desiertos es que nos lleva del agite del *cronos* al deleite del *kairos*. Nos reprograma para vivir en el tiempo perfecto de Dios.

Y cuando estamos en el *kairos* de Dios aprendemos a ver el desierto como un aliado y no como un enemigo. Entendemos que Él nos lleva allí no para que muramos sino para que entendamos el auténtico sentido de la vida al cambiar el cronómetro que rige nuestro destino.

CREER VS. TEMOR

Cuando nuestras vidas están sincronizadas con el reloj de Dios, estamos absolutamente seguros de que nada nos moverá de la voluntad del Padre. Viviremos a plenitud, Hebreos 13:6b que dice: «El Señor es mi ayudador; no temeré lo que me pueda hacer el hombre». He aquí, otra virtud de los desiertos. No solamente nos depura de nuestras inseguridades internas, sino que nos ayuda a lidiar con los temores externos.

La inseguridad es una autopista al temor, y un corazón temeroso no puede desarrollar confianza. Por eso el Señor antes de cumplir sus promesas en nosotros nos lleva al desierto para alinearnos con Él.

Volviendo a las analogías para ilustrar situaciones, tomaré el ejemplo de un vehículo para significar lo que hace el temor en una persona. Cuando un vehículo tiene llantas desalineadas corre el peligro de sufrir terribles accidentes. Muchas personas creen que mantenimiento solo tiene que ver con proveer condiciones mecánicas óptimas para su vehículo, pero no le prestan mucha atención al tema del balanceo de los neumáticos, y solo son conscientes de lo importante que es solo hasta después de sufrir un terrible accidente.

Un auto puede tener un motor en excelentes condiciones, tener su sistema eléctrico funcionando a la perfección, incluso, tener llantas nuevas, pero si estas no están alineadas correctamente, ese vehículo es altamente susceptible de accidentarse, al desviarse con gran facilidad. Por eso es importante vigilar permanentemente el vehículo para detectar a tiempo los problemas de alineación y balanceo. Un ejercicio preventivo es llevarlo al taller cada cierto tiempo para que el mecánico por medio de unos aparatos especiales detecte y corrija el problema.

Cuando un automóvil no está alineado correctamente, va a desgastar más rápidamente sus neumáticos, además, el volante se hace más pesado y duro de manejar.

Ahora bien, guardando las proporciones, ocurre algo similar en la vida cristiana. No existe mayor peligro para los creyentes que el desbalance espiritual. Cuando no tenemos vidas balanceadas corremos el peligro de desviarnos del curso con gran facilidad. Y en ese orden de ideas, el temor es uno de las cosas que más nos desestabilizan emocionalmente. No solo nos desgastamos emocionalmente con mayor facilidad, sino que la vida se hace pesada y azarosa. El panorama se torna desalentador, perdemos el deleite de las cosas sencillas, y vivimos prevenidos, todo nos irrita, todo nos desmoraliza, vemos enemigos en todas partes y desconfiamos hasta de nuestra propia sombra.

Moisés era un hombre con altas condiciones morales e intelectuales. Era israelita por nacimiento, y por lo tanto, contaba con la promesa de Abraham. Pero también era egipcio por cultura y crianza, es decir, tenía una preparación académica óptima para desempeñar cualquier cargo. Sin embargo, Moisés tenía una vida desbalanceada. Vivía en inseguridad y temor. Prueba de ello es que recurrió a su propia justicia para defender a su pueblo, mató al egipcio y luego huyó. Sabemos las consecuencias que eso le acarreó a futuro. El temor es el enemigo más grande de la fe, por cuanto la desarticula, la deforma y la hace inoperante. Por eso cada vez que Dios hablaba al pueblo de Israel comenzaba cualquier discurso desafiándolo a «no temer y tener valor». Cuando Dios llama a Josué y le encomienda la misión de dirigir el pueblo hacia la conquista de Canaán, le pone como condición expresa que sea fuerte, valiente y que no tema porque Él estará con él a donde quiera que vaya. (Josué 1: 9).

A veces como cristianos pensamos que los principales enemigos de nuestro destino son el mundo, el diablo y la carne, y ciertamente lo son. Pero pocas veces consideramos que el temor también lo es. Creemos que el adulterio, la fornicación, el chisme, el robo, son pecados de la carne, pero que el temor está en una categoría menor y sin mayor importancia. No obstante, de acuerdo a lo que dice Pablo en Corintios el temor se contrapone al amor, y por eso es importante combatirlo. ¿Y cómo se combate? Alineando el corazón a Dios, dejando que Él nos estandarice y nos pruebe. Y la manera de probarnos que Él es completamente confiable es llevándonos al desierto para amplificar nuestros horizontes y mostrarnos la realidad desde la perspectiva divina, para enseñarnos que Él es soberano y que trabaja por diseño y no por casualidad.

Los desiertos, cualquiera sea su nombre, tienen la extraordinaria capacidad de amplificar el amor de Dios a una escala tremenda. Y cuando el amor de Dios se hace evidente sin ningún tipo de contaminación visual, entonces podremos decir como el escritor de Hebreos: «El Señor es mi ayudador, no temeré lo que me pueda hacer el hombre» (Hebreos 13: 6b). También podremos decir como el salmista: «El Señor es mi luz y mi salvación, ¿a quién temeré? El Señor es la fortaleza de mi vida, ¿de quién tendré temor?». (Salmo 27:1 LBLA).

Capítulo 3

UN DISEÑO CONFIABLE

«Confía en Jehová, y haz el bien; Y habitarás en la tierra, y te apacentarás de la verdad». Salmos 37:4

Vimos en el capítulo anterior que la fe se define en tres palabras clave: creer, confiar y lealtad. En este capítulo nos enfocaremos un poco más en la palabra confiar, pero en su sentido extendido: confiar, en Dios, en su plan y en nosotros como articuladores de su plan eterno.

Confiar en Dios y confiar en su plan no siempre son lo mismo.

Una vez Moisés guio al pueblo de Israel por medio del Mar Rojo, el pueblo de Israel se encontró en medio del desierto, libres del yugo egipcio, sin embargo, seguía teniendo un yugo mucho más vil y aterrador: el yugo de la mente.

Es increíble cómo este yugo mental una vez se pone en perspectiva de las circunstancias, altera dramáticamente espiritual y emocionalmente a un pueblo que ya había atestiguado de primera mano las obras más grandiosas de su Dios. Inmediatamente después de celebrar la proeza de dejar las cadenas de Egipto y de celebrar semejante osadía al pasar el Mar Rojo, el pueblo todo se encuentra con una realidad que parece obvia. No hay agua alrededor. Luego de ver un milagro que tenía que ver precisamente con agua, ahora el pueblo se enfrenta al inclemente desafío de no ver una sola gota de agua dulce alrededor. Su reacción inmediata es que, todos, al unísono, empiezan a murmurar, mientras se decía unos a otros: «¿Y ahora qué hemos de beber?». (Éxodo 15:24). Así somos los seres humanos. Podemos pasar del éxtasis espiritual al vértigo anímico más tenaz en un abrir y cerrar de ojos. El pueblo no hacía mucho que había visto unas de las mayores intervenciones divinas de todos los tiempos ocurrir en su favor, y ahora estaba poniendo en duda la capacidad divina de resolver una situación temporal. Sin embargo, esa situación era justamente el recurso que Dios tenía previsto para probar la confianza de su pueblo escogido. Ahora bien, la confianza es como un péndulo que va pasando de posición.

De este episodio en particular podemos extraer una lección prevalente que nos ayudará a comprender, no sólo el carácter de Dios, sino la naturaleza de la mente humana.

DESENMASCARANDO AL VERDADERO ENEMIGO

La primera lección que aprendemos a partir de la circunstancia vivida por el pueblo de Israel en el desierto, es que los peores y más voraces yugos humanos no están ligados a una situación geográfica, situación o circunstancia física. El peor yugo está dentro de nosotros, más específicamente dentro de nuestra propia mente. El ser humano es experto en identificar enemigos en todos lados, en desplazar responsabilidades y victimizarse con una facilidad abrumadora. Pero pocas veces tenemos la sinceridad y la suficiente objetividad como para buscar dentro de nuestra propia realidad interior las causas del pobre florecimiento espiritual. Por esa razón, Dios, antes de alinearnos con nuestro destino en Él, nos libera de nuestro principal yugo: nuestros pensamientos. ¿Y cómo hace Dios para lograr este propósito? Bueno, la historia de Israel nos ofrece un panorama ejemplarizante respecto a la manera como Dios obra con sus escogidos.

El Señor nos pone en perspectiva. Israel pensó que huir de Egipto y cruzar el límite natural del Mar Rojo era el único pasaporte a la victoria, a la liberación total. Pero evidentemente no era así. Había un enemigo secreto mucho más rapaz y destructor que el que implicaba el imperio egipcio. Y era el enemigo de su propia mentalidad derrotista. Mientras ese enemigo no sea deshabilitado y sus cadenas destruidas no importa cuánto nos alejemos y caminemos en pos de los que Dios quiere. Ese enemigo latente nos seguirá y nos vencerá sin que siquiera lo notemos. Dios, no obstante, que conoce ampliamente todos los horizontes de la vida humana, sabe dónde está ese enemigo sutil y cómo derrotarlo.

Lo primero que Dios hace es poner ese enemigo en evidencia. Y la única forma de visualizarlo es poniéndonos pequeños desafíos de fe. Nuestro Padre celestial conoce profundamente el diseño humano, por cuanto Él mismo nos diseñó y nos configuró de tal manera que pudiéramos cumplir sus propósitos eternos aquí en la tierra. Pero con «La caída» ese mecanismo esencial se estropeó, y quedamos como género humano a la deriva o al vaivén de las artimañas del supremo enemigo. Por eso la obra restauradora divina parte por restaurar el mecanismo primario, pues es a partir de ahí que el hombre se reencuentra con su verdadero potencial espiritual.

Cuando hablamos de fe, normalmente creemos que está ligada exclusivamente al corazón, debido a que la Biblia lo expresa en términos rotundos: «Si creyeres en tu corazón». (Romanos 10:9). Y ciertamente la fe tiene que ver mucho con el corazón por cuanto es allí donde yace el germen de la identidad humana. Sin embargo, el corazón no es, como suele creerse, la fuente de nuestras emociones, sino la fuente de nuestra confianza. Por eso cuando el corazón se siente seguro, responde afirmativamente a cualquier estímulo, ya sea divino o humano. Todo parte de ese vínculo de seguridad interno.

Por eso cuando queremos llamar la atención de alguien apelamos primero a su corazón antes que a su mente. La mente, por lo general siempre cuestiona, se escabulle en los muros de la duda y el escepticismo; es recelosa. En cambio, cuando el corazón se siente confiado, se mueve naturalmente a la acción. Los publicistas conocen de sobra este principio y lo aplican rigurosamente a la hora de cautivarnos con determinado producto. La publicidad que genera resultados inmediatos es la que va dirigida al corazón y no a la mente, por eso se basa en establecer vínculos profundos de confianza que luego sean capaces de mover la voluntad de los consumidores

Los publicistas saben que cuando alguien compra un producto solo por emoción, rápidamente pierden en ese cliente, porque las emociones son movedizas, ambivalentes, estacionales, y no son un buen soporte para generar fidelidad. La fidelización solo es posible cuando se genera confianza y seguridad entre dos partes.

Dios actúa bajo la misma premisa, pero no se queda ahí. Él llama nuestra atención, Él nos seduce con sus cuerdas de amor, con sus palabras de ternura, con sus promesas eternas, pero no se basta con ello. Dios sabe de sobra que una fe basada en solo emociones es volátil y fugaz, impredecible y poco segura, en cambio la fe que es producto de la seguridad y la confianza, permanece por encima de cualquier eventualidad o inconveniencia temporal.

El Padre celestial también nos seduce con hechos objetivos, para asegurarse nuestra confianza y permanencia. La confianza nace en el corazón y de allí se extiende a nuestra mente, voluntad y emociones. Así las cosas, la confianza no es una emoción fugaz, sino conciencia de un vínculo íntimo proveniente de la confianza. Por eso la Biblia dice expresamente que debemos amar a Dios con el corazón, es decir, con toda nuestra capacidad de confiar sin hacer cálculos mentales de costo y beneficio, porque eso nos lleva por el camino perverso del utilitarismo.

Ilustraré el concepto de la fe del corazón y la mente con el ejemplo más elemental que se me ocurre. Pensemos en un elemento volátil, fugaz, invisible, pero que a su vez contiene una fuerza y un poder incuestionable. Hay varios. Pero el que más llama mi atención es el gas. Este producto es absolutamente volátil y fugaz, al tiempo que es absolutamente reactivo. Basta con una simple ignición para que explote, se encienda y genere una llama capaz de crear efectos sorprendentes. Sin embargo, si no hay quien lo contenga, el gas pronto se evapora en la inmensidad de la nada. Si queremos dosificar su potencia y aprovechar responsablemente su capacidad innata, debemos almacenarlo en recipiente seguro y «confiable». El gas es bueno, siempre y cuando se dosifique y se administre de manera responsable. De lo contrario, puede causar mucho daño, a la vez que se vuelve nada.

La fe que se basa sólo en emociones es como el gas en su estado natural: volátil y fugaz. Reacciona a un impulso, pero no permanece. Así como el gas sin un apropiado recipiente y un dosificador eficaz es poco confiable y sí muy peligroso, la fe emotiva es caprichosa y poco confiable. En contraste, la fe del corazón, que se basa en un vínculo de confianza, permanece, a pesar de las trampas de las emociones.

Por lo tanto, Dios necesita que la fe que nos mueve a la acción se base en la confianza y no en una emoción pasajera.

Cuando el Señor sacó al pueblo de Egipto apeló primero a su corazón, es decir, a su capacidad de confiar para que no tiraran la toalla cuando los caos de las circunstancias temporales aparecieran en el camino. Dios necesitaba transformar esa confianza íntima en la base permanente de su relación y de esa manera poder cumplir sus propósitos para con su pueblo escogido.

Los desiertos para el pueblo de Dios tienen ese valor. Hace que la confianza no sea una emoción pasajera sino una experiencia segura y duradera en el tiempo. Dios no quiere ser como esos productos publicitarios que generan emociones instantáneas pero que una vez que lo adquirimos no cumple las expectativas mentales que teníamos, y, por ende, no generan fidelidad. Dios es integral en todo el sentido de la palabra y no está interesado en vender falsas expectativas. Cuando Jesús estuvo en la tierra habló claro y en términos confiables. Por eso la gente lo seguía, porque su discurso no partía de idealismos transitorios, de falsas asunciones. A los discípulos les dijo a rajatabla: «Si alguno quiere venir en pos de mí, niéguese a sí mismo, tome su cruz y sígame». (Mateo 16:24). Al joven rico le dijo: «Si quieres heredar la vida eterna, vende todo lo que tienes y repártela a los pobres». Cuando habló del camino para el reino de Dios lo presentó como una senda estrecha por la que pocos entrarían. Y estos son solo algunos ejemplos de los muchos que podríamos citar. Sin embargo, era justamente esa sinceridad cruda y sin remiendos la que hacía que la autoridad de Jesús no fuera cuestionada. Cuando tuvo que llamar al pan, pan, y al vino, vino, lo hizo sin pensar que eso le podría restar seguidores. Porque estaba interesado en fidelizar discípulos comprometidos con el reino de Dios y no crear un club de fans inmaduros y llenos de mañas.

Cuando Dios sacó al pueblo de Israel de Egipto estaba pensando en formar un pueblo libre en todo el sentido de la palabra. No solo libre de su esclavitud física, sino mental y espiritual, pues un pueblo libre en todos los sentidos, es un pueblo que puede ser auténticamente fiel y apto para los propósitos de Dios. La cosa es que cuando Dios se enfrenta a los yugos mentales que nos atan, nos toca por donde más nos duele, por nuestras necesidades básicas.

Si leemos con atención la historia de la liberación de Israel de Egipto, vemos que emocionalmente fue algo maravilloso. Dios no solo los liberó de un yugo ancestral, sino que los sacó lleno de riquezas. Los israelitas salieron con las manos llenas de oro. ¿Cómo no amar a un Dios así? Pero era claro que, aunque los israelitas ya no estaban bajo el yugo del Faraón, y que ahora eran libres y ricos en posesiones, aún seguían siendo esclavos del peor de los enemigos: su mente paganizada, llena de inseguridad y desconfianza.

Y Dios no solo libera de afuera hacia adentro; también lo hace de adentro hacia afuera. El baño de su gracia no solo es físico sino espiritual. Pero ese baño espiritual implicaba limpiar su mente de la basura pagana que les impedía ver a Dios en su total dimensión. Y es ahí donde la historia aparentemente deja de ser chévere y se vuelve complicada. Porque una cosa es que Dios pruebe su fidelidad destruyendo nuestros enemigos externos, pero otra cosa es que lo haga destruyendo los internos.

Para librarnos de Egipto como hizo con el pueblo de Israel, Dios nos da cosas, bendiciones, nos prospera, como prosperó a los Israelitas, pues de esa forma nos demuestra su compromiso con nosotros y atrae nuestra atención. Pero para liberarnos de nuestros yugos mentales, ya Dios no nos da cosas, sino que nos quita algunas, para comprobar hacia dónde gira el péndulo de nuestra confianza.

Éxodo 16:4 comienza una dinámica muy distinta en el plan liberador de Dios para Israel. Les quita lo básico para supervivencia humana como es el agua y el pan. ¿Por qué Dios hace eso? Bueno, debe ser porque el estómago es la puerta más directa para llegar al alma de las personas. Hay principio espiritual que a veces pasamos por alto, y es que cuando Dios quiere probarnos radicalmente nos limita el alimento. No fue un hecho anecdótico que Jesús antes de comenzar su ministerio público fuera llevado al desierto para ser probado a través del estómago. La Biblia dice que después de 40 días Jesús tuvo hambre, y fue por medio de esa necesidad vital que el diablo quiso desvirtuar todo el andamiaje de su confianza, no solo en el Padre celestial, sino también en su designio personal.

Con el pueblo de Israel pasó algo parecido, y no fue que Dios los puso a aguantar hambre, sino que les cambió el alimento natural representado por el pan y el agua, fuente del sustento primordial de los pueblos antiguos, para darles un maná del cielo, prototipo sagrado de su misma providencia.

Por medio de esta comida Dios quería librar a su pueblo del yugo de la desconfianza. Dios quería presentarse como un Dios que sustenta, incluso, en las circunstancias más adversas. Dios conocía la realidad del desierto de la misma manera que conocía la realidad espiritual de su pueblo, y sabía que dándoles pan y agua solo llenaba sus panzas, pero no sus mentes de la confianza necesaria para asegurarles el ingreso a la tierra prometida.

Por ese motivo, Dios dio las instrucciones precisas de que todos los días cuando amaneciera recogieran el maná en una cantidad, dos litros (un gomer), por cada persona. No debían recoger más porque Dios proveería este alimento diariamente para todos. Con esta orden Dios estaba probando su confianza y asegurándose de saber que tan fiable eran ellos. (Éxodo 16:4).

Evidentemente, con este mandamiento Dios quería probar el corazón del pueblo, pues no había ninguna garantía de que todos los días el maná descendiera. La única garantía, humanamente hablando, era que Dios se lo había dicho a Moisés. El temor existía en medio de ellos, pues nos dice la Biblia que este alimento, el maná, era un alimento que nadie conocía, ni ellos ni sus padres: era algo totalmente nuevo: es más, la palabra «maná» en hebreo quiere decir «que es esto». En otras palabras, cuando vieron el alimento, alguien exclamó «maná».

Lo otro interesante es que dice Éxodo 16:5 que, en el sexto día, ellos debían guardar el doble, porque el séptimo día sería el día de reposo y no descendería el alimento del cielo. O sea, ninguna ración de maná duraría de un día para otro, excepto la ración del sexto día que milagrosamente alcanzaría para cubrir las necesidades del día séptimo.

Dicho y hecho: en Éxodo 16:20 vemos que ellos no confiaron en Dios. Algunos temerariamente guardaron alimento de un día para otro, pues seguro tenían temor de que al otro día no descendiera el maná. Y este maná se agusanó y hedía terriblemente, enviando una señal a todo el campamento de que alguien había desobedecido, y si hay una experiencia que provoca fuertes reacciones estomacales, es ver una comida agusanada o putrefacta.

Cuando llegó el día sexto (Éxodo 16:22) ellos recogieron una doble porción de comida y Moisés les recordó que el séptimo día era día de reposo, y por lo tanto, no tenían permitido recoger maná ni cocinarlo en ese día, pues era día de reposo. Y el pueblo hizo así. Pero algunos contraviniendo el mandato salieron a recoger maná en el séptimo día y no encontraron nada. (Éxodo 16:27).

Dios estaba probando claramente al pueblo de Israel si ellos confiarían plenamente en la palabra de Dios (Éxodo 16:4) de la misma manera que Dios le habló a Abraham y le dijo que saliera de su tierra a la tierra que Dios le mostraría y le tenía lista para Abraham. Esto lo llevó a Abraham a ser llamado el padre de la fe, ya que confío ciegamente en Dios y su palabra.

La palabra de Dios tiene poder. Lo que Él dice, se hace, pues Él tiene potestad para que todo lo que su palabra demanda se haga conforme a la palabra de Dios. Por el poder de su palabra, todo lo que existe ha sido creado. (Hebreos 11:3).

A pesar de que la palabra de Dios era la única garantía que tenía Israel para saber con seguridad que Dios proveería todas sus necesidades, era la única garantía que en realidad ellos necesitaban. Dios quería enseñarles a que confiaran en Él y para esto no era necesario que existiera alguna garantía adicional a su palabra pues hasta ese punto, todo lo que Él les había prometido, Él lo había cumplido.

Dios les prometió que todos los días descendería del cielo la porción necesaria para su alimentación. No sería más ni menos de lo necesario. Alcanzó para todos y no quedaron con hambre. Dios se encargó de darle la porción diaria a cada uno de ellos.

Cuando Dios nos lleva por medio del desierto, Él siempre se encargará de nuestro sustento. Eso Él lo prometió, y ciertamente Él lo cumplirá. No faltará a ninguna de tus necesidades.

Recordemos que después de que Jesús alimenta a los 5.000 (Juan 6), Él va al otro lado del mar donde la gente también llega a buscarlo. Jesús tiene una conversación con los que lo siguieron y en esa conversación ellos demandan una señal, haciendo alusión a que Moisés les dio pan a sus padres en el desierto (Juan 6:30-31) a lo que Jesús les responde:

> «Y Jesús les dijo: De cierto, de cierto os digo: No os dio Moisés el pan del cielo, mas mi Padre os da el verdadero pan del cielo. Porque el pan de Dios es aquel que descendió del cielo y da vida al mundo. Le dijeron: Señor, danos siempre este pan. Jesús les dijo: Yo soy el pan de vida; el que a mí viene, nunca tendrá hambre; y el que en mí cree, no tendrá sed jamás. Mas os he dicho, que aunque me habéis visto, no creéis». (Juan 6:32-36).

Jesús le estaba enseñando a la multitud que Él era el pan de vida, esto en acuerdo con:

> «Y te afligió, y te hizo tener hambre, y te sustentó con maná, comida que no conocías tú, ni tus padres la habían conocido, para hacerte saber que no sólo de pan vivirá el hombre, más de todo lo que sale de la boca de Jehová vivirá el hombre». Deuteronomio 8:3.

Y también con la revelación del Apóstol Pablo respecto al desierto:

> «Porque no quiero, hermanos, que ignoréis que nuestros padres todos estuvieron

bajo la nube, y todos pasaron el mar; y todos en Moisés fueron bautizados en la nube y en el mar, y todos comieron el mismo alimento espiritual, y todos bebieron la misma bebida espiritual; porque bebían de la roca espiritual que los seguía, y la roca era Cristo». 1 Corintios 10:1-4.

El Apóstol Pablo nos habla de un alimento «espiritual». Jesús nos dice que Él es el pan de vida. Y el padre les dice por medio de Moisés que no solo de pan vivirá el hombre, sino de toda palabra que sale de la boca de Jehová. En otras palabras, según estos 3 textos, el maná no era un alimento físico sino un alimento que era lo suficiente, no solo en cantidad, sino en calidad para todas sus necesidades espirituales y físicas. Este alimento sostuvo al pueblo de Israel hasta que cruzaron el Río Jordán y nos indica que ya no descendía más maná porque estaban en la tierra prometida.

Este alimento es realmente lo que necesitamos ¡Este alimento es su palabra! Jesús es la palabra de Dios hecha carne, por esa razón Él dice: «Yo soy el pan de vida» pues es Jesús el alimento que todos necesitamos, y al igual que sucedió en el desierto, este alimento es más que suficiente para sustentarnos, alimentarnos y sostenernos durante el tiempo que dure nuestro desierto. Lo que necesitamos durante los tiempos de pruebas no es dinero, no es el arreglo de situaciones familiares, no es un mejor trabajo, no es salir de la crisis, sino la Palabra de Dios ya que será su palabra la que nos ayude a solucionar nuestra situación financiera, será la que nos ayudará a ver las cosas claras en nuestras relaciones familiares y amistosas, será la que nos sostendrá en ese tiempo de desierto.

¡No tengas temor! Dios te sustentará en el desierto. Él no te abandonará, Él no te dejará. Solo cree y confía en él.

Confianza no solo significa ver a Dios como nuestra suprema provisión, significa vernos a nosotros como la provisión de Dios para un plan eterno.

Comúnmente pensamos que la confianza es un asunto unidireccional, es decir, que opera sólo en función de lo que yo espero acerca de Dios, pero que no tiene que ver mucho conmigo. No obstante, la confianza funciona con base en dos voluntades. Tanto la divina como la humana. Es fácil creer en la persona de Dios y confiar en que su voluntad es perfecta es algo que no requiere demasiados argumentos. El Señor es absolutamente digno de confianza, y en eso creo que nadie, por lo menos desde la teoría, tiene la menor duda. El problema ocurre cuando nosotros nos vemos a nosotros mismos en relación a la grandeza de Dios. Recordemos que a veces (o muchas veces) el problema no está en que desconfiamos de Dios sino en nuestra propia dignidad y en nuestra capacidad de ejecutar el plan divino sin reservas. En ese sentido, nuestra confianza se atasca porque no somos capaces de vernos como Dios nos ve: absolutamente dignos, y merecedores del favor divino.

Cuando los 12 espías fueron a inspeccionar la tierra prometida este problema quedó de manifiesto en relación con su autoconfianza. Los espías trajeron un reporte positivo respecto de la tierra; o sea, avalaron conscientemente como verdaderas las palabras de Dios respecto a lo que Él les había prometido. Pero cuando ellos se vieron a sí mismos en relación al tamaño de la promesa, fue que dudaron y se enfrentaron con un dilema de confianza. Ellos creían que no podían vencer a los gigantes y hacerse con la tierra porque su propio concepto de sí mismos era inferior al que Dios tenía de ellos.

Números 13:33 lo expresa con suficiente claridad: «También vimos allí gigantes, hijos de Anac, raza de los gigantes, y éramos nosotros, a nuestro parecer, como langostas; y así les parecíamos a ellos». ¿Confiaban en Dios? Claro que confiaban en Él. El asunto es que no confiaban en ellos mismos, porque su dignidad había sido menoscabada por más de 400 años de esclavitud.

En ese sentido, Dios no solo restaura la confianza en Él, también restaura la confianza que el pueblo tiene en sí mismo como portador del favor divino, pues no ganamos mucho con saber que tenemos un Dios grande y digno de confianza, cuando nos vemos en relación a esa grandeza y dignidad como inadecuados e indignos.

Dios veía a Israel como su especial tesoro, como un reino de sacerdotes tributarios de las bendiciones de Dios para que por medio ellos todas las naciones de la tierra fueran benditas. Sin embargo, Israel siempre dudó de su posición y les costó confiar en que tanta gracia fuera cierta. El Rey Saúl, también es prueba contundente de lo que ocurre cuando nos cuesta confiar en que somos especiales para Dios porque Él nos hizo dignos y aptos para toda buena obra.

A pesar de que Dios veía a Saúl con ojos de agrado y confiaba en que él tenía los suficientes atributos para dirigir al pueblo en sabiduría, él tenía muy poca confianza en sí mismo. Su opinión respecto a sí era bastante precaria: «Y Samuel dijo: ¿No es verdad que, aunque eras pequeño a tus propios ojos, fuiste nombrado jefe de las tribus de Israel y el SEÑOR te ungió rey sobre Israel?». (1 Samuel 15:17).

Así las cosas, no es suficiente con confiar en que para Dios todas las cosas son posibles. El círculo de la confianza se cierra cuando confiamos en que, por su gracia, tú y yo somos dignos de ser llamados por Él para cumplir propósitos eternos. Sin esa confianza no podemos ser aptos para lo que Dios quiere, pues nos convertimos en personas débiles, temerosas y tercas que caen fácilmente en el pecado de la obstinación, que consiste en obedecer a medias, en condicionar siempre nuestro proceder.

El rey Saúl era tan desconfiado, que tenía la tendencia a sobrepasar los límites, a hacer las cosas a su manera, a violar los principios más elementales. Recuerden que incluso llegó a usurpar la labor sagrada del sacerdote y ofreció un sacrificio que no le era lícito hacer. ¿Por qué lo hizo? Por desconfiado. ¿De Dios? No; de sí mismo.

En el desierto el pueblo de Israel iba a ser probado no solo en su confianza respecto a Dios, sino respecto a sí mismo como el especial tesoro que era para Dios. El Señor quería trabajar su autoestima, y demostrar que Él les amaba tanto y estaba tan comprometido con su destino como nación que se iba a encargar de un alimento que ellos no tenían que cultivar, y proveerles un agua que brotaba no de las entrañas de la tierra, sino de su propio corazón.

Muchas veces Dios nos lleva al desierto por ese mismo motivo. No porque estemos en un pecado monumental, sino porque nuestra autoestima está tan maltratada que nos cuesta creer que Él nos puede usar para cumplir un propósito especial.

Hay personas que sufrieron de abandono paterno o materno en su niñez y nadie proveyó para ellos, y tuvieron que pasar muchos trabajos para poder solventar sus necesidades básicas. Esas personas crecieron creyendo que no eran importantes para nadie y todos sus logros se basan en su propio esfuerzo. Existe un orgullo soterrado en su proceder que está íntimamente ligado a su baja autoestima. Conozco personas que literalmente quedan paralizadas cuando alguien les da algo, porque en su propia psicología interna piensan que no son importantes para nadie, y por lo tanto, no se sienten dignos de recibir un regalo. Hay personas, incluso, que cuando reciben un regalo de alguien automáticamente se sienten en la obligación de devolver el favor con una dádiva más costosa, o de lo contrario, se sienten mal consigo mismas. Hay personas que no sabe dar ni recibir afecto justamente por esa misma razón. Y cuando llegan a los pies de Cristo se encuentran bloqueados, fraccionados o dispersos espiritualmente. Por un lado, quieren amar a Dios y servirle de todo corazón, pero se sienten tan indignos, que les cuesta confiar en que las promesas de Dios también son para ellos.

La desconfianza es tan sutil, que se manifiesta en acciones tan elementales como la oración. Hay personas que no oran simplemente porque están convencidas de que Dios nos las escucha, entonces recurren a todo el mundo para que oren por ellas. Ellos creen que Dios oye a todo el mundo menos a ellos. Estas personas, por lo general, son presa fácil del legalismo y la religiosidad, porque creen que haciendo cosas pueden ganar más fácil el favor de Dios. Su dignidad está en el hacer y no en el ser. Tienen enraizados fuertemente la actitud de Saúl, se ven tan pequeños a sus propios ojos que se vuelven obstinados y tratan de ganar el favor divino por medio de sus obras y esfuerzo personal.

No obstante, la Escritura dice que nosotros amamos a Dios no para que Él nos devuelva amor, sino justamente porque Él nos amó primero. La iniciativa de amarnos y escogernos y formarnos es de Dios, no nuestra. Salir de Egipto no fue iniciativa del pueblo de Israel, fue Dios quien se arrogó esa iniciativa; fue Él quien llamó a Moisés y le expresó sus intenciones para con el pueblo escogido. Sin embargo, Israel siempre desconfió de esa distinción. Desconfió tanto, que pasados los siglos y las épocas, Dios tuvo que cortar la rama natural e injertar un pueblo que no era pueblo para finalmente cumplir sus propósitos. La Iglesia justamente es resultado de la desconfianza consecutiva del pueblo de Israel como nación santa, como pueblo adquirido por Dios. Jesús vino a lo suyo y lo suyo no lo recibió porque no pudo resolver el problema de la desconfianza interior.

No basta con que crezcamos en confianza respecto a Dios y su maravillosa providencia. Basta con que confiemos que somos parte de su plan redentor y que Él no nos dejará ni nos desamparará hasta cumplir sus propósitos en nosotros. No es pecado sentirnos que somos el especial tesoro de Dios y vivir como tal (Malaquías 3:17 y Efesios 2:10).

No basta con creer en el corazón y tener la íntima certeza de que Dios es digno de confianza, si nuestros pensamientos siguen oprimidos por los yugos de la incredulidad y la desconfianza. A veces Dios permite desiertos en nuestras vidas, no por causa de nuestro corazón, sino por causa de nuestra mentalidad derrotista. Para desintoxicarnos de todas esas mentiras que hemos asumido por crianza o malas experiencias a lo largo de la vida y que han ido paulatinamente minado nuestra autoestima.

Recordemos que la fe que nace en el corazón pero que no se vale de nuestra mente para transformarse en acción permanente, es como aquella semilla que cayó a la orilla del camino, que, por carecer de raíz y fundamento, pronto fue sofocada por las circunstancias y pisoteada por los hombres.

Dios quiso revelarse como un Dios providencial, que está por encima de todo, dirigiendo la atención del pueblo de Israel de sus necesidades básicas para tratar con su mentalidad derrotista. La lección aquí es que Dios no se basta solo con sacarnos a Egipto del corazón, sino también de nuestra mente. La mente tiene muchas virtudes y a la vez muchas falencias. Con ella podemos soñar en el futuro, pero también podemos extrañar el pasado, y por ende, resistirnos a abandonarlo afectivamente. La mente nos pone en retrospectiva permanentemente y nos hace creer que lo que está atrás siempre es la verdad que nos determina y no lo que está por llegar. En consecuencia, la duda y la desconfianza fácilmente nos aprisiona y nos sume en el terror y la anulación mental.

La Biblia es clara en señalar que el ser humano es lo que piensa de sí mismo (Proverbios 23: 7a). Es decir, somos el resultado de lo que confiamos y avalamos como verídico a partir de lo que pensamos por encima de lo que sentimos. Por esa razón es que tantas veces sentimos que aunque nuestro corazón nos impulsa a buscar y confiar en Dios, nuestros pensamientos nos alejan de esa posibilidad porque nos juzga instantáneamente como indignos del amor divino. Pero la confianza no solo tiene que ver con creer vivamente en que Dios es digno de mi fe y disposición plena, la confianza se alimenta también de las ideas que tengamos respecto a sus planes y designios. Yo puedo confiar en alguien profundamente y al mismo tiempo recelar sus formas de hacer ciertas cosas. También está el caso de que confíe en la persona y en su encargo, pero desconfíe hasta los tuétanos de quien va a ejecutar ese plan. Imagínese de un piloto que confía en la fábrica de la Boeing y en sus diseños aeronáuticos, pero desconfíe de sus capacidades como piloto al punto de quedar bloqueado anímicamente. Muy posiblemente ese piloto no va a lograr hacer carrera en su área y terminará dedicándose a cualquier otra cosa menos a pilotar aviones.

Capítulo 4

LEALTAD

«Con todo, yo me alegraré en Jehová...,»
Habacuc 3:18a

En los capítulos anteriores definimos la fe con tres palabras clave: creer, confiar y lealtad. Ya hemos visto el creer y el confiar en la visión de los desiertos. A continuación, estudiaremos la tercera definición y es la lealtad.

Uno de los primeros conceptos claros respecto a la fe en la Biblia, lo encontramos en el libro de Habacuc. Es en este libro donde se ancla la conocida cita usada por el Apóstol Pablo: «El justo por la fe vivirá». (Habacuc 2:4b). El libro del profeta Habacuc da una definición de la fe desde la perspectiva de la lealtad. El profeta en cuestión comienza hablando con Dios y haciéndole preguntas difíciles respecto a la justicia que pareciera estar del todo ausente. El Señor le responde y le dice que Él levantará a los caldeos para castigar a Israel y a Judá.

También le dice al profeta Habacuc que escriba esta visión (Habacuc 2) en unas tablas para que el que la lea y lo haga de corrido y entienda lo que va a suceder, pues lo que Dios había dicho ciertamente sucedería. Aunque pareciera que se demoraría, se cumpliría a su tiempo y no se tardaría.

Es en el capítulo final del libro donde encontramos la respuesta de Habacuc respecto a lo que Dios le dijo.

Algunos historiadores coinciden en resaltar que lo más probable es que Habacuc fuera un levita que hacía parte de los ministros del templo, ya que el capítulo final termina con una oración escrita en forma de Salmo. En esta oración Habacuc inicia hablando de la grandeza de Dios:

> «Oh Jehová, he oído tu palabra, y temí. Oh Jehová, aviva tu obra en medio de los tiempos, En medio de los tiempos hazla conocer; En la ira acuérdate de la misericordia. Dios vendrá de Temán, Y el Santo desde el monte de Parán. Selah Su gloria cubrió los cielos, Y la tierra se llenó de su alabanza. Y el resplandor fue como la luz; Rayos brillantes salían de su mano, Y allí estaba escondido su poder». Habacuc 3:2-4.

Hacia el final, este Salmo culmina con un himno muy conocido en nuestras iglesias:

> «Aunque la higuera no florezca, Ni en las vides haya frutos, Aunque falte el producto del olivo, Y los labrados no den mantenimiento, Y las ovejas sean quitadas de la majada, Y no haya vacas en los corrales; Con todo, yo me alegraré en Jehová, Y me gozaré en el Dios de mi salvación. Jehová el Señor es mi fortaleza, El cual hace mis pies como de ciervas, Y en mis alturas me hace andar». Habacuc 3:17-19a.

En este final el profeta Habacuc habla de la lealtad que él tiene hacia Dios y definitivamente vemos cómo la fe requiere de una lealtad. «Aunque la higuera no florezca, ni en las vides haya fruto, aunque falte el producto del olivo, y los labrados no den mantenimiento» esto nos habla de la economía del pueblo de Israel. Ésta dependía de los higos, las uvas para pasas y para el vino, y el olivo para el aceite. Al igual que ellos se mantenían de las ovejas y de las vacas.

El profeta Habacuc nos habla de cómo nuestra fe y nuestra alabanza deben continuar hacia a Dios, así nos falten todas las cosas necesarias para subsistir. Que la verdadera fe se prueba cuando no hemos visto respuesta de lo que esperamos y seguimos gozándonos en Dios, independientemente de cómo estén nuestras finanzas, o nuestros sentimientos, o como estemos en nuestras familias, como sea, ¡nos alegraremos en Jehová! ¡Esto es lealtad! ¡Esto es la cumbre de la fe!

Me tomé la libertad de escribir este salmo pensando como si Habacuc estuviera viviendo en nuestros días. Pensemos en una versión actualizada de este hermoso salmo:

«Aunque mi cuenta bancaria no florezca,
Ni en la nevera haya fruto,
Aunque falte el aceite en mi casa,
Y no me alcance para comprar lo que anhelo,
Y los negocios fracasen,
Y no haya ropa en el closet,
Con todo, yo me alegraré en Jehová,
Y me gozaré en el Dios de mi salvación.
Jehová el Señor es mi fortaleza,
El cual hace mis pies como de ciervas,
Y en mis alturas me hace andar».

DE LA TRANSACCIÓN A LA TRANSFORMACIÓN

El caso de Habacuc es bastante diciente porque nos ilustra vivamente el tránsito que debe tener la fe para que deje de ser una fe transaccional y se convierta en una fe transformacional. ¿Cómo así? Nosotros sabemos que Dios es un Dios de procesos, y que todo lo que Él hace obedece a unas dinámicas que no son estáticas sino que contienen finalidades específicas. En el lenguaje teológico, eso se conoce como teleología, es decir, la teoría de los fines y los propósitos. En ese orden de ideas, nuestro Dios es profundamente teleológico, porque todo lo que Él hace obedece a un propósito, a una finalidad, a un designio. Dios no se mueve por el azar, ni por la casualidad, sino por causas y finalidades eternas. Él es un Dios de propósitos, y estos propósitos nos solo están presentes en su carácter creador sino en toda la Creación misma. Incluso, en el terreno del lenguaje hay teleología, o sea finalidad, propósito. Las palabras existen con un propósito y es el de expresar ideas, facilitar la comunicación entre personas y entre Dios y su pueblo especial.

Dicho esto, podemos abordar más profundamente el tema de la confianza, no como un ejercicio de fe primaria sino de lealtad plena. Para ello hay que hacer una distinción entre lo que significa la confianza y lo que representa la verdadera lealtad. Aunque ambas expresiones están indisolublemente unidas por el mismo cordón umbilical de la fe, sus finalidades no se encuentran en la misma vía.

Lo explicaré de la manera más sencilla posible para que no haya lugar a dudas. Para que dos partes desarrollen confianza, debemos partir de lo que se conoce en términos jurídicos como la *buena fe*. Debemos asumir que ambas partes tienen buenas intenciones y procuran el bien común de las partes involucradas. Esto, porque la confianza se alimenta de cosas y circunstancias por encima de la persona misma. Usted y yo podemos confiar en el proceder de alguien, aun cuando esa misma persona no nos despierte una mínima simpatía. Llevando este ejemplo un poco más al extremo, un par de secuaces pueden confiar el uno en el otro y hasta realizar negocios, porque confían en la palabra del otro, aun cuando en lo personal se detesten y se recelen hasta la muerte. ¿Tiene sentido? Para que haya confianza entre dos partes primero deben existir hechos objetivos de por medio, tiene que haber ocurrido una transacción previa que garantice unos mínimos de confiabilidad.

Es claro que para que haya confianza debe haber hechos concretos que alimenten la credibilidad. La confianza parte de una fe transaccional. Usted confía sus ahorros en una entidad bancaria justamente siguiendo esta premisa. Cada vez que abrimos una cuenta en determinado banco, no lo hacemos porque estemos enamorados de ese banco y, por lo tanto, sintamos que nos unan unos lazos afectivos a este. Actuamos porque tenemos fe transaccional, es decir, porque confiamos que esa entidad nos dará ciertos beneficios económicos. Su relación con el banco está basada en una confianza transaccional, en unas promesas objetivas que se deben cumplir para que la fe no se diluya y se acabe la relación. Pero el día que usted sienta que no le están cumpliendo objetivamente lo prometido, usted simplemente corta el vínculo legal, y se va a otra entidad bancaria buscando mejores rendimientos monetarios.

Con este ejemplo quiero decir que la confianza no nos hace automáticamente leales a nadie. Yo puedo confiar en un producto comercial hasta el día que encuentre otro que me ofrezca más beneficios por el mismo valor. Hasta ahí nos llega la lealtad a ese producto.

Por eso es de suma importancia tener clara las distinciones entre una fe transaccional y una fe transformacional. La fe transaccional siempre producirá una confianza limitada, basada en hechos más que en valores. Sin embargo, la fe transformacional es la única que garantiza lealtad plena y fidelidad ilimitada.

El problema con muchos cristianos es que no tienen clara las distinciones de la fe transaccional y la fe transformacional, y pretenden acercarse a Dios por medio de una fe basada exclusivamente en hechos y no en valores. Esas personas confían en Dios siempre y cuando Dios les dé cosas, supla sus necesidades, les garantice unos niveles de vida acorde a sus expectativas y exigencias. Pero en el momento en que ya no hay cosas, entonces la confianza también se diluye, porque realmente el péndulo de la fe gira en torno a los beneficios y no en torno a la persona.

¿Por qué creen ustedes que la primera generación de israelitas no pudo entrar a la Tierra Prometida? Justamente porque no fueron capaces de hacer el tránsito de una fe transaccional a una fe transformacional. Ellos solo confiaron en Dios en la medida que Él les garantizara una tierra, una provisión, unos hechos concretos, pero el Señor como persona, como valor absoluto, estaba muy lejos de sus verdaderas intenciones primarias. Por eso no fueron leales a Él cuando las cosas faltaron.

Cuando Moisés se demoró en bajar del Monte Sinaí, el pueblo asumió que su líder había muerto y, por consiguiente, acudieron a Aarón para que le buscara un sustituto divino, uno que marchara frente a ellos y les garantizara mayores beneficios que el único y verdadero Dios.

A pesar de que la historia de deslealtad que se narra en Éxodo 32 está a muchos años de distancia de nuestros días, el espíritu de deslealtad que operó en aquellos israelitas sigue vivo y operando en la vida de muchas personas en la actualidad. Muchos confían en Dios y depositan su fe en Él solo en la medida que Él les garantice bendiciones de todo tipo, ya sea en el territorio de lo económico, en la salud, en lo emocional, en lo laboral, etc. Pero cuando la bendición mengua, o se transforma en necesidad y caos, el péndulo de su fe en Dios se detiene. ¿Por qué? Porque su confianza en Dios es meramente transaccional y no transformacional. La misma confianza que le aplicamos a un producto comercial, a una entidad bancaria, a un operador de servicios, a los propios jefes inmediatos, es la misma fe con la que nos aproximamos al Rey de Reyes y Señor de Señores. Sin embargo, una fe transaccional jamás producirá personas leales, jamás logrará transformar el alma y hacernos auténticos seguidores de Cristo.

De hecho, muchos seguidores de Jesús en el Nuevo Testamento lo seguían precisamente por lo que Él les daba y no por lo que Él significaba como persona. Jesús lo sabía y se los dijo de frente: «Ciertamente les aseguro que ustedes me buscan, no porque han visto señales sino porque comieron pan hasta llenarse». (Juan 6:26 NVI).

Ahora bien, ¿dónde la fe deja de ser transaccional para convertirse en fe transformacional, una que nos hace fieles y leales a Dios? Los desiertos y las dificultades son el medio preciso para que nuestra fe haga ese tránsito maravilloso.

Del mismo modo que el fuego purifica los metales y separa la escoria de los metales preciosos, los desiertos, en su sentido figurado y las dificultades son el medio donde nuestras motivaciones se depuran y nuestra confianza deja de ser una temporal y circunstancial para convertirse en un vínculo relacional que nada ni nadie puede romper.

Funcionó para el profeta Habacuc y funciona para nosotros en la actualidad. El profeta, a pesar de su distinción y su llamado, tuvo que vivir su propio proceso de prueba para saber en qué órbita se movía su fe, para discernir cuál era el motor propulsor de su confianza, si se trataba de un ejercicio transaccional o de una experiencia transformacional.

En los capítulos precedentes de este libro anotamos que una de las cualidades facultativas de los desiertos es que funcionan como una especie de radiografía o de escáner espiritual que nos escruta y nos examina profundamente. Parte del proceso de los desiertos no solo es ponernos en perspectivas de un Dios altamente confiable y digno de gloria, sino que, además, nos muestra en qué ángulo se ancla nuestra fe, si en la orilla de los intereses transaccionales o en la orilla del deseo transformacional.

Dios usó una calamidad nacional basada en escasez absoluta para poner en perspectiva hacia dónde giraba realmente el péndulo de la fe del profeta Habacuc, y este tuvo que reconocer que en un principio su fe gravitaba intencionalmente sobre las cosas más que sobre el Señor de las cosas. Sin embargo, fue tan potente el nivel de disuasión que recibió el profeta que toda su estructura teológica fue estremecida. Una lectura detallada del primer capítulo de Habacuc deja claro que su fe en Dios dependía de los que sus sentidos experimentaban. En otras palabras, Habacuc necesitaba ver y oír para confiar. Por eso la angustia en su pregunta del capítulo 1 verso 2 y 3: «¿Hasta cuándo, oh Jehová, clamaré y no oirás; y daré voces a ti a causa de la violencia, y no salvarás? ¿Por qué me haces ver iniquidad, y haces que vea molestia?».

Ciertamente el profeta Habacuc estaba siendo sincero. Él estaba preocupado porque su fe no correspondía con sus expectativas sensoriales. En otras palabras, le estaba diciendo a Dios, tanto que me he esforzado por mantener mi fe puesta en ti y solo me permites ver molestias y destrucción alrededor. Y aunque las preguntas del profeta tenían un sustento de verdad, no eran toda la verdad, pues solo estaban desnudando lo frágil y circunstancia que era su confianza en Dios.

¿Sabes algo? La fe transaccional siempre demanda algo, pues opera con base en lo que se oferta más que en las personas. La fe de Habacuc dependía de la favorabilidad de las condiciones externas más que en Dios mismo. Por eso es tan esperanzador el capítulo 2 de Habacuc, pues allí el Dios responde las preocupaciones el profeta, pero sobre la verdadera realidad. En otras palabras, Dios le dice al profeta que el problema no es la injusticia de los impíos ni la escasez temporal, sino el orgullo, la falta de rectitud de las motivaciones del pueblo de Dios. Pero el Señor no se refería a los pecados comunes y silvestres que a veces creemos que desagradan a Dios y que son dañinos de la fe, sino al pecado de la desconfianza, el de poner en duda constante la eterna fidelidad de Dios. Porque el mensaje subyacente en la queja del profeta era esa: indirectamente estaba poniendo en duda la fidelidad de Dios. Y el Señor le responde y le dice, yo no soy el problema, porque yo cumplo lo que prometo, yo soy fiable en el más amplio sentido de la palabra, en cambio la fe que tú tienes Habacuc no es confiable por cuanto está basada en hechos y no en valores, en transacciones y no en transformación. Sin embargo, el justo por su fe vivirá. ¡Wow! Qué respuesta. Pero, ¿a qué tipo de fe se estaba refiriendo Dios? Es obvio que no se refería a una fe basada en los sentidos, en lo que se ve, porque el panorama exterior ciertamente era desolador. La fe que realmente salva, que trasciende y sitúa a las personas en un ámbito de madurez espiritual es la fe transformacional, aquella que hace que nuestros sentidos dejen de enfocarse en las cosas materiales y miren a la persona, al Dios que habita por encima de todo lo temporal.

El problema de muchos cristianos es que basan su fe en la temporalidad de las cosas, y por eso no son estables ni espiritual ni emocionalmente. Una fe que depende de la bolsa de valores de cosas visibles, es transaccional por naturaleza porque se basa en el trueque, en el intercambio de divisas, para ponerlo en términos económicos. Y nadie que viva su vida por esta clase de fe puede ser completamente leal. La lealtad y la temporalidad de las cosas no son compatibles.

¿Por qué los matrimonios de hoy día ya no duran para toda la vida? Justamente porque cuando los jóvenes de hoy se casan, muchas veces lo hacen basados en una fe transaccional; es decir, en una fe condicionada a si la otra persona cumple a cabalidad su parte del trato, pero si no, entonces la relación se acaba porque la fe no está basada en valores como la lealtad suprema, sino en hechos temporales como si se tratara de una sociedad contractual. Muy distinto a nuestros antepasados, que ocurriera lo que ocurriera conservaban el vínculo del matrimonio a pesar de que alguna de las partes fallara reiteradamente, pues asumían que se trataba de lealtad indisoluble basado en valores y no en hechos.

Dios es fiel con nosotros, justamente porque Él hizo un pacto de amor con nosotros. Él nos ama por encima de nuestros hechos temporales. Su misericordia es nueva cada mañana porque nace de su carácter leal, porque no depende del péndulo de las emociones. Por eso dice la Escritura: «Con amor eterno te he amado, por lo tanto, te prolongué mi misericordia». (Jeremías 31:3). La lealtad de Dios para con Israel es tan grande, que a pesar de que este pueblo le ha fallado sistemáticamente a lo largo de la historia, aún Dios los sostiene con su mano fiel. Todavía Dios ama a Israel con el mismo amor del principio y tiene planes para la nación que Él escogió amar.

Sin embargo, la lealtad no es una emoción sino una decisión de fe, no basada en hechos si no en valores. Habacuc vio el cuadro completo después de escuchar las razones de Dios, y por eso escribe ese magistral capítulo 3 en forma de salmo confesional. Habacuc 3 es la transición de una fe transaccional a una fe transformacional, una que no está basada en las circunstancias sino en el inamovible y eterna fidelidad de Dios.

Yo no sé cuál sea el origen de tu desierto. De lo que sí estoy seguro es del destino de tu desierto. No morirás en el desierto, porque Dios no nos llamó a muerte sino a vida. Y aunque parezca insólito, en los desiertos, llámense como se llamen, es donde más podemos conocer la fuente de vida que salta para vida eterna.

Dios en el desierto le enseñó al pueblo de Israel que Él es el verdadero pan y la verdadera bebida, y que todo el que confía en Él no perecerá. Sin embargo, el Padre celestial no fuerza a nadie a vivir en esa dimensión de fe. Aunque Dios sacó a todo un pueblo de Egipto, y lo hizo por medio de prodigios y portentos incuestionables, y les abrió el Mar Rojo y los puso un guía confiable que los pastoreara y les dio un maná que suplía a cabalidad sus necesidades físicas, el ingreso a la Tierra Prometida fue optativo. Dios puso al pueblo en medio de dos montes: El Ebal y el Gerizim. El uno significaba vivir por una fe transformacional ligada a la obediencia y el otro en una fe transaccional ligada al esfuerzo humano. Todos conocemos el proceder del pueblo. Muchos aunque tuvieron la posibilidad de entrar, prefirieron endurecer la cerviz porque se negaron a anclar su fe al corazón de Dios y prefirieron anclarla a la temporalidad de las cosas.

Tener fe en Dios y confiar en Él no es suficiente para conquistar la cumbre de las promesas. Se requiere ser leales en todo lo que este término implica. Y para ser leales necesitamos pasar de la transacción a la transformación. No condicionar nuestra fe a lo que él nos da, sino a lo que Él es.

Posiblemente estás experimentando un desierto y te preguntas ¿por qué a mí si no estoy en pecado? ¿Por qué justo ahora qué más estaba comprometido con Dios me sobreviene esta calamidad, se muere este ser querido, me viene esta quiebra económica o esta terrible enfermedad? Quizás la respuesta está en tu fe y no en las circunstancias temporales. A lo mejor ese desierto es el método que el Señor está usando para hacerte transitar de una fe transaccional a una fe sobrenatural basada en la persona misma del Creador.

La muerte de Jesús en la cruz del Calvario pareció una derrota para sus discípulos amados. Pedro pensó que en el Gólgota moría también su fe. Por eso volvió a sus viejas andanzas como pescador y a sus antiguas esperanzas humanas. Pero fue estando allí, en la hora más negra de su desaliento, cuando ni siquiera sus antiguas habilidades como pescador parecían otorgarle una brizna de entusiasmo, cuando Jesús fue por él para remontarlo a una altura de fe de la cual nunca más volvería a dudar. Mientras Jesús vivió, la fe de Pedro fue endeble, basada en hechos más que en la persona misma de Jesús. Pero de acuerdo al evangelio de

Juan 21:15 en adelante, el amor que Jesús después de haber resucitado le enseñó a Pedro produjo en él una fe tan intensa que lo hizo ser leal hasta la muerte misma.

La Nueva Versión Internacional subtitula este aparte del encuentro entre Pedro y Jesús como Jesús restituye a Pedro, y realmente se trataba de una restitución. Primero Jesús le estaba restituyendo la confianza perdida, le estaba diciendo: no importa que tu fe hasta ahora haya sido débil basada en hechos y no en valores, aún sigo creyendo y confiando en ti, porque tengo un pacto de lealtad con mi Padre celestial de hacer de ti un pescador de hombres y no voy a dejarte hasta ponerte en la ruta de tu verdadero destino. Y segundo, le estaba enseñando a Pedro las dimensiones de la verdadera lealtad. Ser leales es una decisión y no una emoción. Cuando Jesús le pregunta a Pedro ¿me amas más que éstos? Éste no sabe qué decir. Busca en sus emociones internas y ve que allí no hay ese tipo de amor para Jesús; entonces responde: Sí, Señor, tú sabes que te quiero.

Pero aquí hay varios puntos interesantes para examinar. Si bien Pedro responde sí a la pregunta de Jesús, y lo llama Señor, no le dice que le ama, sino que lo quiere. Y en el griego hay distinciones en el lenguaje como en el español. La palabra original amar, es ágape, pero Pedro no responde con un te quiero, que en griego es phileo. Pero esa no es la pregunta. Por eso Jesús insiste: Simón, hijo de Jonás, ¿me amas (ágape)? Y Pedro, que era terco por naturaleza, se empeña a en responder a su manera. Sí, Señor, tú sabes que te quiero (phileo).

Hasta ese momento la relación de Pedro con Jesús estaba unida por un vínculo de fe transaccional tan endeble en términos afectivos, que fue imposible para apóstol responder asertivamente la pregunta de su maestro. Y he ahí la cuestión. Tanto la lealtad espiritual como la lealtad humana son imposibles cuando el nivel de confianza reposa exclusivamente sobre los endebles hilos de la fe transaccional. Cuando nuestro compromiso con Dios depende de que las cosas marchen según y de acuerdo a nuestras expectativas, entonces estamos construyendo nuestras emociones afectivas sobre circunstancias y no sobre certezas. Nadie puede ser espiritualmente maduro en términos de fe y lealtad si las motivaciones para buscar a Dios son las bendiciones y no la persona que otorga la bendición.

No tuvo que haber sido fácil para Pedro esos días de oscuridad espiritual en los que Cristo permaneció en la tumba y los posteriores días de silencio. Es fácil asumir que todas sus estructuras de fe fueron sacudidas de manera estrepitosa, hasta el punto de la más honda decepción. Quizá Pedro se sintió defraudado por Jesús y hasta de él mismo por haberle permitido ir a Jerusalén sabiendo que sobre el maestro recaían las más feroces amenazas. Pero, aun así, Dios seguía trabajando en el corazón de Pedro y en el de los otros discípulos. A pesar de la decepción y la agonía interna de Pedro Dios estaba afinando las cuerdas de su confianza y atándolas a la cruz de la victoria.

De igual forma cuando pensamos que los nubarrones de las decepciones que vienen con los desiertos nos ponen contra la más cruda desesperanza, es cuando Dios está afinando nuestra alma y sintonizándola con ese amor ágape que es el que produce discípulos leales y capaces de estremecer el reino de las tinieblas.

Creo que antes de pasar al siguiente capítulo sería bueno tomar un instante de reflexión y pensar por un momento si en vez de Pedro la pregunta de Jesús estuviera dirigida a alguno de nosotros. ¿Qué le responderíamos? ¿Dudaríamos en dar una respuesta?, ¿le diríamos que lo amamos con agapao y no con phileo? Si nuestra confianza en Dios está determinada por las cosas que Él constantemente hace por nosotros más que por su persona misma, entonces podremos ser conscientes sobre qué tipo de fundamento estamos edificando nuestra fe. A lo mejor el desierto que ahora estás experimentando sea justamente la excusa que Dios quiere usar para restituir tu confianza como lo hizo con Pedro, para llevarte hacia la certeza de la lealtad sin condiciones y donde puedas decir como el Apóstol Pablo «...ya no vivo yo, mas vive Cristo en mí; y lo que ahora vivo en la carne, lo vivo en la fe del Hijo de Dios, el cual me amó y se entregó a sí mismo por mí». (Gálatas 2:20).

Capítulo 5

ELÍAS Y SU DESIERTO

Un encuentro con la soberanía de Dios

En el libro de 1 de Reyes capítulo 19 encontramos una escena muy interesante sobre la vida del profeta Elías. Pero antes de adentrarnos en los aspectos relevantes de este pasaje, quiero que examinemos un poco el contexto que lo precede.

El capítulo 18 describe una confrontación de poderes bastante familiar para la mayoría de cristianos o estudiosos de la Biblia. La causa de esta confrontación tiene que ver con que el rey Acab y la reina Jezabel se habían propuesto paganizar todo el pueblo de Israel—reino del norte—por medio de la adoración a los baales. Sin embargo, para que este propósito se llevara a cabalidad era menester, primero, destruir a los profetas de Jehová. Aunque la orden del malvado rey Acab era borrar de la faz del reino cualquier huella de los profetas del único y verdadero Dios, un siervo de Acab llamado Abdías, se había dado a la heroica tarea de pasar por alto las órdenes reales y esconder a los profetas de Jehová y sustentarlos a escondidas, pues si Acab o Jezabel se enteraban de su osadía, lo más seguro es que lo mandaran a matar. En 1 Reyes 18:7 narra el dramático momento en que Elías se encuentra con Abdías para anunciarle sus intenciones de encontrarse con el rey Acab, para desafiarlo temerariamente a tener una confrontación de poderes entre los profetas de Baal y el profeta de Jehová. Es importante señalar que en 1 de Reyes 16:32 Acab le había construido un templo y un altar a Baal en Samaria, capital del reino del norte, es decir, de Israel.

Dentro de este contexto, llegamos al momento cumbre de 1 de Reyes 19, que narra expeditamente la famosa escena donde Elías desafía a los profetas de Baal a que cada quien haga (por su cuenta) un altar a su dios con su respectivo sacrificio. No obstante, lo más meritorio de la propuesta no era la construcción del sacrificio en sí, sino el inesperado reto a que ninguno encendiera fuego sobre este. ¿Qué se proponía el profeta Elías con este inesperado giro dramático? Demostrar quién era el verdadero Dios. Si Baal era el «auténtico soberano», su forma de demostrarlo era encendiendo sobrenaturalmente el sacrificio. Elías estaba tan convencido de su propuesta, que incluso les permitió a los profetas de Baal tomar la delantera.

Al parecer, el desafío del profeta Elías fue hallado razonable por su contraparte, pues según el relato, estos no objetaron, sino que asumieron el reto sin amedrentarse. Aun así, todos sabemos que a pesar de los denodados esfuerzos de los profetas pagamos para demostrar la supremacía de Baal, haciendo todo tipo de ruegos, gritos y rituales estrafalarios, éste nunca les respondió.

Como Baal no cumplió con las expectativas, era el turno del profeta Elías de hacer lo suyo propio elevando un clamor de confianza al cielo. Lo interesante aquí, es que Elías no necesitó de gritos acalorados, ni de una parafernalia ritualista para invocar a su Dios. Le bastó un simple ruego para hacer que toda la potencia del cielo se pusiera a su favor y respaldara su confianza. El resultado no se dejó esperar. Dios mismo hizo descender un fuego tan poderoso y contundente, que consumió *ipso facto* todo el altar, incluyendo el polvo que estaba alrededor del altar (1 de Reyes 18:36).

Una vez demostrado el poder de Dios, Elías da la orden de que aprendan a todos los 450 profetas de Baal y los lleven al arroyo de Acusón para él mismo degollarlos.

EL DESAFÍO DE ALINEAR EL DISCURSO CON LOS HECHOS

Una vez Elías se alzó con tremenda victoria espiritual, sucede un hecho que el profeta no se esperaba. La intimidante Jezabel quien era la que sustentaba a los profetas de Baal, envía un mensaje al profeta Elías con una perentoria amenaza de muerte. El profeta preocupado por su vida, huye en el acto y llega a Beerseba que estaba ubicada geográficamente dentro de los límites del reino del Sur, o sea en Judá.

Después de caminar un día entero por el desierto el profeta estaba tan desmoralizado anímica y espiritualmente que llegó a una vil conclusión: No quería vivir más (1 de Reyes 19:4). La prueba de ese desencanto existencial es que se echa resignadamente bajo un enebro y se queda dormido.

Lo curioso del asunto es el siguiente: ¿Por qué si Elías se quería morir entonces huye de quien podía hacer efectivo su deseo? ¿Por qué si Elías se quería morir entonces busca solaz y refugio bajo la frondosa contextura de un enebro?

Antes de continuar con el peregrinaje de Elías, déjame mostrarte como son los enebros. Al buscar en internet sobre las características de los enebros me encontré con la siguiente definición:

«Arbusto muy abundante en los desiertos. Llegaba a una altura de hasta dos m, suficiente como para proporcionar una sombra para el cansado Elías (1Re 19:4-5). Los beduinos utilizan sus raíces como combustible (Job 30:4). Cuando se quería usar una flecha como incendiaria se envolvía su extremo, un poco antes de la punta, en raíces de e. a las cuales se aplicaba fuego antes de lanzarlas (Sal 120:4). Su nombre científico es Retama roetam». [1]

«Arbusto cupresáceo, de 3 o 4 metros de altura, copa espesa, hojas lineales de tres en tres, rígidas, punzantes, flores en amentos axilares, escamosas, de color pardo rojizo, y por sus frutos bayas elipsoidales o esféricas, de color negro azulado. La madera es rojiza, fuerte y olorosa».[2]

Evidentemente, Elías era una persona paradójica, un personaje contradictorio que manejaba un discurso pendular. Es decir, sus palabras no siempre fluían por el mismo paralelo de sus acciones.

Un día tenía una fe superlativa capaz de desafiar a 450 sacerdotes paganos y en respuesta a ese nivel de fe ver la superlativa gloria de Dios actuar en su favor. Y, sin embargo, un día después vemos al mismo personaje ser amedrentado terriblemente por la insolente amenaza de una vulgar mujer. El Elías de 1 Reyes 18 es diametralmente opuesto al Elías de 1 Reyes 19. Parece una versión caricaturizada de sí mismo. ¿Por qué? Pero el nivel de su paradoja va más allá. En los primeros versículos del capítulo 19 dice que está cansado de vivir y expresa fervientemente su deseo de morirse; pero en contraposición a su deseo, busca el solaz reposo de un arbusto sombreado. ¿No les parece una actitud contradictoria e infantil? Alguien que realmente desea morirse, se echa bajo el incandescente sol del desierto y permanece quieto hasta deshidratarse y morir insolado.

Es evidente que no hay coherencia entre el discurso del profeta y sus acciones, demostrando unos visos de inmadurez espiritual abrumadores.

¿Cuántos de nosotros solemos tener una vida espiritual igual de pendular a la del profeta Elías? Un día somos unos gigantes de la fe y al día siguiente nos sentimos más insignificantes que una polilla. Lo más increíble es la enorme paciencia de nuestro buen Dios. A pesar de los arrebatos infantiles de Elías, el Señor acude a su rescate anímico y moral enviándole un ángel que lo sustente y lo consuele. El ángel no viene con un mensaje de recriminación sino de aliento. Lo anima a levantarse, pero, además, le provee sustento. De manera sobrenatural el profeta encuentra una torta y un cuenco con agua. Sin embargo, lo que más asombra de ese pasaje no es la fidelidad de Dios, sino la testaruda indiferencia del profeta. En vez de levantarse animoso y agradecido, vuelve a quedarse dormido bajo la cómoda sombra del enebro.

Es a partir de este momento que quiero que toda tu atención se enfoque en lo que sucedió después. El ángel aparece nuevamente en escena para despertar a Elías, brindarle sustento físico, pero también para darle una orden inapelable: «Levántate y come porque largo camino te espera». 1 Reyes 19:7b.

Dios sabía que los desfases espirituales de Elías no se solucionaban con una mera ración de comida y un poco de agua enviada por el Soberano, sino con una experiencia directa con el Soberano, pues las necesidades del profeta no eran físicas sino mucho más profundas, mucho más espirituales.

Dios, que es experto en conocer los corazones del hombre, tenía un diagnóstico claro respecto a las profundas necesidades espirituales de Elías, y sabía que estas solo se solventarían en el monte Horeb, prototipo de la presencia misma de Dios. ¿Por qué? Porque conocer a Dios por sus obras es, por paradójico que parezca, algo muy distinto que conocerlo por lo que Él es. Muchos cristianos, de hecho, conocen a Dios por lo que Él hace, pero nunca han tenido un encuentro directo con Él, y esto es lo que hace la diferencia entre un cristiano maduro de uno pendular, es decir, que vive siempre determinado por sus emociones y no por sus convicciones más profundas.

Lo interesante aquí, es que entre la posición geográfica del profeta y el monte Horeb (el monte de Dios) había un margen de distancia de 40 días. Una lectura detenida y bien meditada de este pasaje deja al descubierto varias inquietudes que bien vale la pena que meditemos con cabal entusiasmo para que quizás logremos entender las verdades que hay tras bambalinas.

La primera inquietud que surge es, ¿por qué Dios en su soberanía no viene al encuentro de

Elías, sino que pide que éste camine a lo largo de cuarenta días hasta el monte Horeb? No solo está presente el tema de la distancia geográfica, también está el desierto geográfico como elemento relevante. Todos nosotros sabemos que cada cosa en la Biblia no es casual sino causal, es decir, que obedece a una razón especial y con un significado particular para cada creyente. En ese sentido, yo estoy convencido de que hay una correlación entre el discurso bíblico y la experiencia cristiana que no debemos pasar por alto, pues en este no solo hay información histórica o general, sino un modelo experiencial para todo aquel que desee profundizar en la fe y alcanzar madurez espiritual.

Dicho esto, sigamos adelante. No necesitamos ser demasiado doctos o tener una mente bastante entrenada en interpretación bíblica para establecer un paralelo impresionante entre la experiencia de Elías y la que tuvo el pueblo de Israel. Vale la pena también recalcar que el desierto que transitó Elías por cuarenta días era el mismo desierto por el que el pueblo de Israel estuvo errando por cuarenta años. Después de su travesía el profeta llega al monte Horeb; lo cual constituye el segundo hecho interesante a tener en cuenta, pues este es el mismo monte donde Moisés tuvo la visión de la zarza ardiente, y posiblemente el mismo monte donde Israel recibió las tablas de la ley de parte de Dios.

Fue en este monte donde Elías tendría una experiencia definitiva en su caminar con Dios ya que allí el Señor le dijo que saliera y se pusiera frente al monte. ¿Con qué objetivo? Las Escrituras dan cuenta de cuatro manifestaciones cumbres, todas ellas con una carga espiritual tremenda. Algo que llama la atención es que algunos de estos fenómenos no eran ajenos al profeta y que de alguna manera él ya estaba familiarizado con esta forma de proceder por parte del Todopoderoso. Sin embargo, la magnificencia de Dios no se agota en lo que ya era previsible y comprensible para la mente del profeta, sino que profundiza en un hecho que rompería cualquier paradigma que el profeta tuviera respecto a su conocimiento de Dios. Es en este aspecto donde quiero que nos detengamos reflexivamente para ahondar en la grandeza inescrutable de nuestro Creador.

LA SOBERANÍA ILIMITADA DE DIOS

Es de suponer que el profeta Elías conocía bastante bien la historia del pueblo de Israel y estaba familiarizado con el entorno geográfico donde desarrollaba su ministerio. Y, aun así, todo este caudal de información histórica y cultural no había sido suficiente para que él tuviera una dimensión completa acerca de la grandeza de Dios. «Saber teóricamente algo» no es garantía *per se* de tener conciencia de la inconmensurable soberanía de Dios. Una cosa es tener información y otra muy distinta tener una experiencia íntima con Él. Una cosa es desarrollar un nivel de fe por lo que otros han vivido y otra muy diferente desarrollarla a partir de nuestras propias experiencias.

El problema que tenemos muchos cristianos es que solemos encasillar a Dios dentro de supuestos elementales de fe, o de tomar prestado determinados estilos que otros han probado como útiles, al punto de que hacemos doctrinas y nos aferramos a brazo partido a modelos o métodos que otros han experimentado creyendo que no existe algo más allá de esa fórmula. No obstante, Dios no es una fórmula, ni es una receta predecible. Él es un ser personal cuya grandeza no tiene límites ni está condicionada por nuestras predisposiciones mentales.

Elías no fue ajeno a esa tendencia humana. Él sabía por referencia que Dios actuaba de determinada forma y había dado por hecho que la grandeza de Dios se agotaba en ese modelo.

DIOS DEL VIENTO RECIO, PERO TAMBIÉN DEL SILBO APACIBLE

1 de Reyes 19:11 nos da una aproximación en este aspecto, cuando dice que Elías estaba familiarizado con un Dios que se manifestaba a través de fenómenos naturales de gran impacto, como era un viento recio capaz de romper una roca. Aunque Elías estaba preparado para ver a Dios en un

viento recio, Dios guarda silencio. Tuvo que haber sido un choque anímico tremendo para Elías saber que Dios no se manifestó en algo que él daba por hecho era la forma natural que Dios tenía para expresarse.

Probablemente el profeta pensó algo así como: «bueno si Dios no se manifestó en un viento recio entonces lo hará a través de un terremoto». Pero Dios tampoco estaba en el terremoto. Puedo imaginar la cara de Elías al ver que dos de sus supuestos elementales estaban siendo contrariados de una forma tan rotunda. Si Dios no está en el viento recio, ni en un terremoto, entonces con toda seguridad está en el fuego, así como estuvo con Moisés en el conocido episodio de la zarza ardiente. Probablemente la calma volvió, por un instante, a habitar el corazón de Elías cuando conjeturó que Dios actuaría dentro del marco de sus asunciones. Sin embargo, por tercera vez Dios guarda silencio y no se hace presente, abofeteando nuevamente los supuestos teológicos del profeta.

Tuvo que ser un momento muy crítico para Elías saber que ninguna de sus suposiciones se cumplió de acuerdo a sus expectativas. «¿Qué rayos está ocurriendo aquí?» Debió preguntarse Elías. «¿Por qué Dios no actúa cómo se supone que debe actuar?». Justamente por esa misma razón. Porque la soberanía de Dios no está sujeta a suposiciones humanas, porque entonces dejaría de ser soberano en toda la amplitud que esa palabra implica. Ser soberano significa exactamente que no está determinado por límite alguno, que trasciende las lógicas humanas y, por lo tanto, es completamente inescrutable.

En el momento en que el profeta Elías estaba en la cumbre máxima de su desconcierto, cuando ya no podía echar mano a ningún supuesto histórico o teológico, y estaba al borde de un abismo de duda e inseguridad, entonces ocurrió algo que marcaría definitivamente y para siempre su forma de relacionarse con Dios. Vino un silbo apacible, una quietud abismal donde Elías tuvo que dejar de pensar y no le quedó más remedio que contemplar la grandeza de Dios fuera del contexto de las lógicas humanas. Increíblemente, es en la medida que su mente se acallaba y renunciaba a querer controlar la situación por medio de su imaginación, que Dios irrumpe en medio de la vastedad de aquel silbo apacible y se hace presente. La lección no podía ser más abrumadora para Elías, y a través de él para todos nosotros.

Elías se cubre el rostro y se rinde plenamente a aquella presencia sobrenatural. Después de ese sublime instante, el profeta estaba preparado para pasar a un nivel distinto en su llamado.

¿Qué lecciones podemos aprender por medio del testimonio del profeta Elías?

No hay mente humana que pueda encasillar la soberanía de Dios. Conocer al Señor no es una fórmula colectiva sino una experiencia íntima.

DE LO COMÚN A LO PARTICULAR

Aunque en el proceso de Elías hay muchos elementos concomitantes o paralelos con otras historias de la Biblia, el desenlace de su experiencia fue único y personal. Dios utilizó experiencias comunes para llevar al profeta a un nivel de intimidad donde solo eran él y Dios.

La razón por la cual Dios permite los desiertos en nuestras vidas es justamente para llevarnos a esa misma conclusión: Aunque Dios es Dios de todos (plural), también es Dios es Dios de uno (singular). Si bien las luchas de la vida cristiana tienen en común muchas situaciones, el efecto en cada quien es distinto cuando permitimos que el Señor singularice su poder a través de nuestra comunión íntima y personal con Él.

Elías era un personaje fuerte con un llamado especial, y aun así, había áreas de inseguridad en su vida que le impedían caminar al ritmo de Dios. Aunque Elías sabía que no había en Israel otro Dios más grande y digno de honra que Jehová de los ejércitos, había áreas en su vida que necesitaban ser puesta en contexto a ese Dios soberano y glorioso. No bastaba con que Elías viera descender fuego del cielo, ni viera un ángel aparecer de la nada para sustentarlo con una torta y un cuenco con agua. La inseguridad de Elías solo se curaba con una experiencia íntima en el monte Horeb. Él necesitaba conocer al Dios del silbo apacible para poder estar habilitado para ascender a un nuevo nivel.

En ese aspecto, la necesidad de Elías es también la necesidad de muchos de nosotros. A veces creemos que un «poco de provisión celestial» es suficiente para garantizar un tipo de salud espiritual que nos lleve a la tierra de la promesa, y no obstante, la Biblia deja constancia de que no es suficiente. Las fórmulas predecibles no son las que nos ascienden sino las experiencias íntimas con el Señor de la vida.

Aunque el pueblo de Israel salió en manada de Egipto y fueron llevados al mismo desierto y comieron el mismo maná y bebieron del agua de la misma roca, no todos llegaron a tener un nivel de conciencia de Dios lo suficientemente grande como para que le garantizara su entrada triunfal a la tierra de la promesa.

Las fórmulas colectivas no hacen la diferencia sino la actitud individual con que las asumamos. El problema es que muchas veces terminamos sacralizando los métodos y terminamos ignorando al Señor que está detrás del método.

La razón por la que hoy existen tantos cristianos raquíticos espiritualmente es justamente por ese motivo: por aferrarnos al método y no a Dios. Elías era un profeta metódico y, aun así, era muy pendular o inestable en sus emociones. Un día tenía la fe suficiente para degollar a 450 sacerdotes paganos y al día siguiente la simple amenaza de una mujer como Jezabel lo ponía a tambalear emocionalmente al grado de convertirlo en un huidizo cobarde.

Pero la cobardía de Elías no se curó con la aparición de un ángel, ni con la provisión sobrenatural de una ración de torta y un poco de agua. ¿Qué hizo Elías después de que el ángel lo tocó para animarlo y darle una ración de pan y agua? (1 Reyes 19:6). Increíblemente Elías volvió a acomodarse en su lecho bajo el arbusto y volvió a dormirse después de llenar la panza. Uno creería que después de tener una experiencia como la que tuvo el profeta de ver aparecer de la nada un ángel y recibir semejante provisión divina, este se hubiera levantado asombrado y agradecido de la fidelidad de Dios y con una actitud totalmente distinta respecto a Él. Pero no fue así. Elías, muy tieso y muy majo, volvió a acomodarse en su melancolía.

La actitud de Elías no era nueva; ya el pueblo de Israel había respondido más o menos con el mismo desdén muchos años atrás. Después de ver la provisión sobrenatural del Señor por medio del maná y beber del agua de la roca ¿cómo reaccionó el pueblo? Con queja y murmuración; con ingratitud e insatisfacción.

Hay una expresión popular que dice que el hábito no hace al monje, y es cierto. Parafraseando este dicho, podemos decir que las experiencias sobrenaturales no hacen al buen cristiano. Hay cristianos que se la pasan pidiendo pruebas de la fidelidad de Dios, y sin embargo, ante la más pequeña dificultad esos mismos cristianos están renegando y quejándose como niños maleducados. Creo que todos, sin excepción, alguna vez hemos tenido ese tipo de actitud.

Lo único que cambia radicalmente la actitud de las personas es un encuentro directo, no con la provisión divina, sino con el Señor de la provisión. Después de que Elías volvió a quedarse dormido, Dios vuelve a despertar al profeta por medio del ángel, para darle una orden perentoria: «Levántate, come porque gran camino te espera». (1Reyes 19:7).

Dios sabía que el problema de Elías no estaba en su estómago ni en su mente, sino en su corazón. Elías sabía sus «cositas» respecto a Dios, y a pesar de ello, necesitaba un encuentro rotundo con Dios en el monte Horeb.

En ese sentido, no son los milagros asombrosos ni el conocimiento teórico lo que garantiza nuestra madurez espiritual. Si fuera así, no existiría tanto infantilismo espiritual dentro de la Iglesia del Señor. Hoy como nunca antes en la historia tenemos Biblias de todas las versiones, acceso a internet donde encontramos cientos y cientos de prédicas de todos los trasfondos y calados teológicos. La información abunda en todas las formas como en ninguna otra época de la historia y con todo esto, la inmadurez espiritual sigue haciendo estragos por todos lados.

Lo que realmente cambia el corazón humano es un encuentro directo con el Señor Todopoderoso en el monte de la revelación. El monte Horeb ya no es un lugar geográfico sino el prototipo de un encuentro especial. Del mismo modo en que los desiertos ya no son físicos sino una representación alegórica del trato de Dios, el monte Horeb es una representación modélica de lo que significa tocar la misma presencia de Dios.

Los desiertos en la vida del creyente tienen un propósito especial: mostrarnos la soberanía de Dios. Pero una cosa es conocer la fidelidad de Dios y otra muy distinta conocer al Dios de la fidelidad. Al Dios personal, individual y concreto solo lo podemos conocer en el monte de la revelación, en ese Horeb espiritual prototipo de un encuentro cara a cara, (Coram Deo, como dicen los eruditos) con el Dios vivo.

A pesar de que Elías tenía el título de profeta y bajo esa condición había conocido muchos de los atributos del Señor, todavía le faltaba lo más importante: estar de frente al Dios de los atributos. Sin embargo, para llegar a ese nivel de interacción espiritual, Elías tuvo que caminar cuarenta días por un desierto intrincado y difícil. Elías necesitaba ser procesado en su humanidad antes de estar en condiciones óptimas de poder tener un encuentro con Dios. En ese sentido, el desierto era solo un medio para preparar el corazón de Elías para el momento más sublime y glorioso de toda su vida.

En ese aspecto, el modelo de Dios siempre ha estado vigente. El mismo Jesús, con todo y que era el hijo de Dios, no se salvó de tener que pasar su temporada en el desierto por un periodo similar al de Elías antes de que toda la potencia de su ministerio se hiciera visible.

EL DESIERTO ES EL CAMINO A HOREB, EL MONTE DE DIOS

Los desiertos para el cristiano, cualquiera sea su nombre o su intensidad, no son un fin en sí mismo, sino el proceso por el que Dios nos prepara para nuestra verdadera y definitiva transformación. Los desiertos son nuestros mejores aliados para llevarnos a la presencia misma del Señor, para revelarnos toda la potencia salvadora que subyace en la soberanía del Padre celestial.

Los desiertos tienen la facultad increíble de cambiar nuestro enfoque respecto a la realidad espiritual. Nos hacen replantear en qué dimensión de la vida cristiana queremos vivir: En los desiertos conocemos el sustento de Dios, pero difícilmente conocemos al Dios del sustento, pues nuestro enfoque casi siempre está en las necesidades temporales. La idea de las pruebas es desafiarnos a ir más allá y no conformarnos con una simple provisión pasajera; es mostrarnos que existe algo más grande que Dios quiere darnos, y es su misma presencia. La mayor provisión que el Señor quiere darnos es Él mismo.

El mayor milagro que el cristiano puede experimentar no es conocer la fidelidad de Dios a través de una sanidad o la provisión de determinadas cosas materiales en momentos de gran necesidad; la mayor prueba de la fidelidad de Dios es que podemos tener acceso a su presencia y que Él quiere relacionarse directamente con nosotros sin intermediaciones de ningún tipo. Dios es el más grande milagro al que podemos acceder como sus hijos. El mayor anhelo del Señor no es darnos cosas materiales, sino darse a sí mismo.

Lo triste es que a veces preferimos las grandes cosas de Dios y no al Dios de las grandes cosas. Existe una especie de dislexia espiritual que nos hace confundir las cosas de Dios con el Dios de las cosas. Muchas veces pensamos que ser cristiano se trata de tener abundancias de bienes materiales y nos olvidamos de que la esencia del cristianismo no es tener ciertas cosas sino ser hijos de Dios. Las cosas materiales son solo un medio para atraernos al corazón del Padre. Cuando Dios le juró al pueblo de Israel que les daría una tierra especial no era para que ellos se apegaran a la tierra, sino para atraerlos a su corazón, para hacer de ellos un pueblo cercano e íntimo.

Pero la respuesta del pueblo fue que sacralizó la tierra y paulatinamente se olvidó del Dios de la tierra. Crearon una burbuja de comodidad, que a la postre, fue su ruina moral y espiritual. Dios, por lo tanto, tuvo que tratarlos de muchas maneras para corregir esa dislexia espiritual, para que ellos recuperaran la capacidad de enfocarse en lo que verdaderamente tenía valor, es decir, para que volvieran sus ojos a Dios y lo consideraran a Él como en gran tesoro.

Cuando Dios nos aflige, no es para destruirnos sino para corregir nuestra vista espiritual, para ecualizar nuestro corazón y ponerlo en sintonía con el suyo. Pero como los seres humanos solemos ser resbaladizos, huidizos y somos expertos en escaparnos, entonces Dios, por su inmenso amor, nos acorrala en «determinados desiertos» llámense como se llamen, para aquietar nuestro indómito corazón y convencernos de que no hay nada mejor en el mundo que su presencia.

El rey David, es un verdadero decano en este sentido. Después de ser tratado por Dios por causa de su desviado corazón, entendió que no había nada en el mundo que se pudiera comparar con la presencia misma de Dios. El Salmo 69:9 dice estar literalmente consumido por el celo de la presencia del Señor. En el Salmo 27:4 llega a otra sublime conclusión: «Una cosa he demandado a Jehová, esta buscaré; que esté yo en la casa de Jehová todos los días de mi vida, para contemplar la hermosura de Jehová, y para inquirir en su templo».

Pero, ¿cómo llegó David a esta conclusión? No fue viviendo en las comodidades de su condición real. Fue cuando se vio rodeado de dificultades y desiertos anímicos de todo tipo.

La aflicción es la mejor autopista espiritual para llevarnos al corazón del Padre. Es cierto que a veces la aflicción es producto de nuestras malas decisiones, pero, aun así, Dios es experto en sacar cosas buenas de aquello que aparentemente es consecuencia de nuestros errores. Sin embargo, muchas veces las aflicciones no son consecuencia de un pecado, sino el medio que Dios tiene para sacarnos de nuestra comodidad espiritual, una forma de sacudirnos de la modorra religiosa y llevarnos a un nivel de crecimiento por causa de nuestro llamado.

En ese sentido vale la pena que consideremos las siguientes palabras:

> «Y te afligió, y te hizo tener hambre, y te sustentó con maná, comida que no conocías tú, ni tus padres la habían conocido, para hacerte saber que no sólo de pan vivirá el hombre, mas de todo lo que sale de la boca de Jehová vivirá el hombre». Deuteronomio 8:3.

Elías necesitaba un encuentro directo con la soberanía de Dios por causa de su llamado, pues cuando Dios llama, Él no se da por vencido y usa lo que tenga que usar para captar nuestra atención y ascendernos de nivel.

Esto es muy importante tenerlo en cuenta. Con mucha frecuencia creemos que ser hijos de Dios es cuestión de comodidad y cero estreses. Pero no, ser llamado implica ser formado, ser formado implica ser disciplinado, ser disciplinado implica crecimiento, ¿con qué objetivo? Hasta que todos lleguemos a la unidad de la fe y del conocimiento del Hijo de Dios, a un varón perfecto, a la medida de la estatura de la plenitud de Cristo (Efesios 4:13). Pero se nos olvida (con dolorosa frecuencia) que crecer duele, que crecer implica proceso, dejar de pensar como niños, es decir, dejar de jugar a la realidad para vivir dentro de la única realidad en la que vale la pena vivir: en la presencia de Dios.

Capítulo 6

NO DESPRECIES EL MANÁ

En los capítulos anteriores hablamos del desierto como el lugar idóneo para que nuestra fe crezca apropiadamente hasta garantizarnos madurez espiritual. Es claro que para el pueblo de Dios la fe es su principal activo espiritual, pues sin ella es imposible construir una vida que agrade al Señor en todos los sentidos. Sin embargo, hablar de la fe no es tan sencillo como decir que se trata de creer ciegamente en algo o en alguien y punto. Desde la perspectiva bíblica la fe no es meramente una actitud pasiva o esperar resignadamente a que ocurra lo que tanto se desea. La fe es más bien una disposición activa de alinear cada aspecto de la vida a la voluntad de Dios, que implica renunciar a vivir por lo que vemos o lo que sentimos para vivir enteramente por lo que le agrada a Él, aunque esto no sea tentador a los sentidos.

Desde el Génesis hasta nuestros días, al hombre le ha costado creer y aceptar que la voluntad de Dios es perfecta y, por lo tanto, confiable y digna de ser asumida sin reservas ni recelos. La tendencia humana es condicionar la fe y condimentarla con el propio razonamiento, desvirtuándola y convirtiéndola en un remedo de la fe auténtica. Adán y Eva ciertamente creían en las palabras de Dios y lo veían como su autoridad natural, pero, aun así, les costó obedecer plenamente a sus palabras, y trataron de sumarle a la obediencia un poco de obstinación humana creyendo que eso no acarrearía consecuencia alguna, y ya todos sabemos lo que eso significó en términos de juicio y castigo.

La fe apuntalada en el razonamiento humano no es auténtica fe, y por ende, no es la fe que Dios privilegia o avala ya que ésta no produce frutos dignos de justicia, es decir, una que nos haga absolutamente dignos de confianza y leales.

Si tuviéramos que representar la madurez con dos palabras, ¿cuáles escogerías? Para mí madurez es igual a confianza y lealtad. Podemos ponerle otros adjetivos alrededor, si se quiere, pero en esencia, la madurez es cuestión de confianza y lealtad. En contraposición, la gente inmadura es desconfiada y desleal por naturaleza.

Lo más triste es que las personas desconfiadas y desleales suelen también ser astutas y calculadoras. Saben fingir con una naturalidad que engaña al más prevenido. El Apóstol Pablo lo dice de manera más tajante al dirigirse a su pupilo Timoteo, para recordarle las señales de la auténtica madurez espiritual. El apóstol le pidió a Timoteo que no fingiera la fe, que no la aparentara con el ánimo de impresionar a nadie. Según el apóstol, la fe es susceptible de ser fingida, o de presumirse como algo genuino cuando en realidad es algo ficticio.

Con una fe fingida e impostora no se crea las condiciones necesarias para la madurez y la lealtad. Y esa es justamente uno de los peligros más latentes para el cristiano.

Pero, ¿cómo no caer en la sutil trampa de fingir lo que no se tiene?

En primer lugar, guardando el corazón de la codicia.

Un corazón codicioso, es por regla general, un corazón desagradecido, y alguien con el corazón minado de codicia no puede, aunque lo desee, ser confiable y leal.

En este capítulo trataré el tema de la codicia y la falta de gratitud como uno de los grandes obstáculos de la fe genuina.

Cuando examinamos al pueblo de Israel y tratamos de comprender por qué la primera generación divagó torpemente en el desierto sin poder entrar a la Tierra Prometida, encontramos que la codicia manifestada en desconfianza y deslealtad fue la razón prevalente para que la promesa quedara inoperante en aquella primera generación de israelitas.

Es interesante que el apóstol Pablo al dirigirse a la iglesia de Corinto, tomara la codicia como la causa primaria para que el pueblo de Israel, aunque depositario de una promesa tan grande, al final no la vieran cumplida.

En 1 Corintios 10:6 señala lo siguiente: *«Mas estas cosas sucedieron como ejemplo para nosotros, para que no codiciemos cosas malas, como ellos codiciaron»*. (las cursivas son mías).

Es interesante que cuando el apóstol hace una lista de las razones que invalidaron la promesa, pone la codicia en el primer orden.

Y es cierto. No hay algo que invalide más las promesas de Dios en las vidas de una persona que un corazón minado de codicia, por cuanto este pecado, a veces tan sutil y consentido, va destruyendo al ser humano por el lado más sensible: su capacidad de confiar en Dios. La codicia riñe con la fe porque contrario a esta no sabe esperar, no sabe confiar. Mientras la fe es certeza de lo que se espera y la convicción de lo que no se ve, la codicia es la avaricia de los ojos, es el deseo de satisfacer los sentidos caprichosamente al pecio que sea.

Para entender en la proporción adecuada lo que el Apóstol Pablo les dijo a los Corintios, es importante ubicarnos en el contexto de cómo la codicia minó el corazón de los israelitas hasta ganarse el juicio de Dios. En el libro de Números capítulo 11 nos narra el precedente infortunado que quiero tomar como referente para este capítulo.

¿Qué es la codicia? Todos los diccionarios coinciden en definir esta condición como un deseo desmedido de algo. Sin embargo, hay que aclarar que no todo deseo está emparentado con la codicia. Desear en sí mismo no es algo malo. Los israelitas deseaban libertad del yugo opresor, y Dios vio ese deseo como algo genuino y razonable y estuvo de acuerdo. Los israelitas deseaban ver la fidelidad de Dios y Él avaló ese deseo como algo digno. Los israelitas deseaban una tierra donde asentarse y vivir como nación, y a Dios le encantó esa idea. El problema no es desear determinadas cosas. El problema está cuando el deseo se alimenta de la ambición para volverse una realidad a cualquier costo. Cuando un deseo se acompaña de fe, entonces convierte a la voluntad de Dios como medio eficaz para lograr el fin que espera. Pero el deseo que se afilia a la codicia para lograr un fin, deja por fuera de la ecuación la voluntad de Dios, hasta volverse obsesión. Y es ahí donde comienzan los problemas, pues el resultado de la obsesión es que desemboca en la rebelión.

Eso fue lo que le pasó al pueblo de Israel. No supieron lidiar con sus deseos, porque no fueron capaces de esperar en la voluntad perfecta de Dios y empezaron a llenarse de motivos para desconfiar en esa perfecta voluntad y terminaron confiando en sus propios deseos caprichosos por encima del maná que Dios les daba.

Ahora bien, pasar de un deseo genuino, a un deseo obsesivo compulsivo, que nos deja en las puertas de la rebelión es un proceso que Números 11 detalla ampliamente.

LA FE ENTRA POR EL OÍR, LA CODICIA SE EVIDENCIA EN EL DECIR

¿Cómo es posible que un pueblo que al principio de su liberación creyó humildemente las promesas del Libertador Supremo, y confió plenamente al punto de abandonar en fe la tierra de Egipto, empezara de un momento a otro a desconfiar?

Números 11:1 da la primera pista: «Aconteció que el pueblo se quejó a oídos de Jehová...»

La acción que comenzó a desencadenar la ruina del pueblo fue la queja. ¿Y con qué se queja uno? Con la boca. En el momento en que el pueblo dejó de prestar atención a lo que Dios decía, y empezó a prestar atención a los deseos de su corazón, surgió la queja, apareció el reclamo.

Sin embargo, la queja de Israel no fue un hecho casual ni fortuito, sino que fue algo traído de afuera. ¿De quién? Números 11: 4 nos da una luz interesante en ese sentido: «Y la gente extranjera que se mezcló con ellos tuvo un vivo deseo y los hijos de Israel también volvieron a llorar y dijeron: ¡¿Quién nos diera a comer carne?!».

La Biblia sugiere que mientras el pueblo estuvo solo en su travesía a Canaán, sus deseos gravitaron en torno a las promesas de Dios, y se bastaron con ellas para confiar y ser leales. Pero en el momento en que se mezclaron con gente pagana, imitaron su codicia. La Versión Reina Valera dice que fueron los extranjeros los que tuvieron un vivo deseo y traspiraron ese deseo en los israelitas. La Nueva Versión Internacional es más vehemente en la traducción de ese pasaje y dice que: *«...al populacho que iba con ellos le vino un apetito voraz»*. Es interesante que los diccionarios describen la codicia con esas mismas dos descripciones: «vivo deseo» y «apetito voraz».

Los israelitas imitaron de un pueblo extraño una codicia que antes no habían conocido. Fue en el momento en que el pueblo dejó de mirar al cielo para mirar a un pueblo extraño, que su corazón se llenó de ambición, al punto de hacerlos renegar delante de Dios y despreciar lo que Él tenía para ellos.

La queja y la murmuración son los rieles sobre los que corre la codicia. Y la consecuencia fue que el pueblo desconfió de Dios y exclamó: ¿¡Quién no diera de comer carne!?

Una vez que el pueblo hizo la exclamación se reconectó con su pasado, e increíblemente ¡lo extrañó!, ¡lo anheló! Al despreciar el maná como sustento divino se conectó emocionalmente con las viandas de Egipto. Fue tan fuerte su añoranza que lloró desconsolado a la entrada de sus tiendas. Tan estrepitoso su fue llanto que el propio Moisés perdió los estribos de sus emociones y corrió a Dios a reclamarle por lo que estaba sucediendo.

Mientras Moisés hablaba con Dios, el pueblo seguía inmerso en su locura verbal: «¡Quién nos diera de comer carne! ¡En Egipto la pasábamos mejor!». (Números11:18b NVI).

LA REBELIÓN SE EVIDENCIA EN LO QUE DECIMOS

Si hay algo que el enemigo de nuestras almas sabe hacer a la perfección es engañar y confundir. Y en esta historia en particular queda demostrado de forma asombrosa. De la misma manera como Dios está comprometido con hacer de sus promesas una realidad total y no escatima esfuerzos para que su voluntad prevalezca a pesar de la terquedad humana, el enemigo, entiéndase bien, como Satanás o el diablo, también está empeñado en desvirtuar por completo la voluntad de Dios, sembrando ideas erróneas y buscando sustitutos tentadores a la fe.

Mientras Dios trabaja por medio de la obediencia para reconectarnos con nuestro destino, el enemigo usa la codicia para deslumbrar nuestros ojos y distraernos del auténtico camino. Y en ese sentido, va a usar al que se deje usar para sus nefastas intenciones. En el caso de Israel usó un pueblo extranjero, en apariencia débil militarmente, pero toda una fortaleza en lo moral. En el caso de Moisés el enemigo usó a su propio pueblo para sacarlo de casillas y ponerlo a tambalear en su fe y llevarlo por los oscuros socavones de la incredulidad y la rebelión.

Y quiero ser enfático en algo. El enemigo antes de provocar acciones provoca declaraciones. El enemigo sabe que la palabra tiene un poder determinante a la hora de cambiar los énfasis y descarriar los corazones.

Si observamos el curso de Israel a través del desierto, nos damos cuenta de que el pueblo no fue puro moralmente, ni perfecto espiritualmente. Y aun así, Dios les tuvo compasión. El Señor tuvo planes de contingencia para que el pueblo se purificara e hiciera expiación de sus pecados y continuara adelante. Sin embargo, el pecado de los labios fue el que hizo que la ira de Dios ardiera hasta el punto de desechar aquella generación.

Dios detesta todos los pecados, por cuanto el pecado nos separa de Él. El Señor es Santo en toda expresión de la palabra y no tolera el pecado, sin embargo, se compadece del que confiesa su debilidad y pide misericordia. No obstante, el pecado de la desconfianza y la deslealtad es algo que, al parecer, mueve más reciamente la voluntad de Dios. Dios detesta la murmuración y la queja. Y el enemigo lo sabe. Él perfectamente sabe qué mueve la compasión divina y que desata su furia destructora.

Por eso lo primero que el enemigo trata de desvirtuar son nuestras declaraciones. En el libro de Santiago 3:5-6 relaciona la lengua con un pequeño fuego que a pesar de su tamaño es capaz de destruir un bosque. Pero la comparación no se agota ahí. También dice que la lengua es un mundo de maldad. Allí la codicia se enquista de manera prodigiosa hasta arrastrar el corazón humano a la más perversa rebelión. Por eso el necio cuando calla es contado como sabio. (Proverbios 27:18).

Las palabras son las aliadas del alma o su peor verdugo. El hombre es libre por lo que proclama y esclavo por lo que confiesa. La Biblia las describe como un lazo en las que el hombre puede enredarse. (Proverbios 6:2).

En ese orden de ideas, aunque Israel fue libre del yugo de Egipto, nunca pudo librarse de la iniquidad de sus labios. Usted y yo podemos huir del enemigo más feroz y atrincherarse en la burbuja de la religión, llámese como se llame y aun así, nos es imposible huir de nuestra propia lengua. Todo lo que el hombre ama o desprecia tarde que temprano pasa por su boca. El hombre puede vivir sin sexo, drogas, licor, lujos, o lo que usted quiera. Pero el ser humano no es capaz de vivir con la boca cerrada. El hombre no es capaz de vivir sin palabras. El enemigo lo sabe y por eso está tan interesado en contaminar los dichos de nuestra boca con palabras de necedad.

Hay una verdad contextual que no debemos obviar y es que el hombre, por más justo que se crea, siempre va a estar inclinado a la maldad. Así ha sido desde Adán hasta nuestros días y así seguirá siendo hasta que nos vayamos de este mundo. Sobre esa realidad no tenemos control, y Dios lo sabe. Pero sobre lo que sí tenemos control es sobre nuestros labios. Tanto que la Escritura nos conmina permanentemente a ponerle guarda a nuestra boca. El rey David es tan consciente de esta verdad que dice humildemente en el Salmo 141: 3: *Pon guarda a mi boca, oh Jehová; Guarda la puerta de mis labios* (cursiva añadida).

El salmista no duda en catalogar la boca como una puerta por la que se cuela la maldad en busca del corazón para anidar en él.

Los enemigos del pueblo de Israel no murieron cuando el Mar Rojo sepultó a la caballería del imperio egipcio. Su enemigo más temible fue con ellos en forma de palabras y ellos, a la postre, fueron vencidos por los dichos de sus labios. ¿Cuándo? Cuando abrieron la boca para quejarse y permitieron que la codicia y el desprecio tomara las riendas de sus emociones.

Si hay algo que el pueblo de Dios debe cuidar sobre todas las cosas, son sus palabras. A veces creemos que las palabras se las lleva el viento, y nada más ajeno a la realidad. Las palabras no se esfuman en el aire como si se tratara de una pasajera cortina de humo; por el contrario, estas gravitan hasta llegar al Trono de Dios en forma de alabanza o a modo de queja. Las palabras tienen tanto poder, que una simple palabra de fe nos lleva del reino de las tinieblas al Reino de la Luz. Una sola palabra mueve el corazón de Dios y toda la potencia del cielo a nuestro favor.

LA CODICIA SE ALIMENTA DE DESPRECIO

Para codiciar lo que no se tiene, primero hay que despreciar lo que sí se tiene.

La codicia es un sentimiento que se engorda con palabras. Pero no palabras de gratitud sino palabras de queja, de murmuración y de desprecio. Un corazón agradecido y que cultiva permanentemente la gratitud está inmunizado contra la codicia. El Apóstol Pablo consciente de cómo opera la codicia hasta enquistarse en la voluntad humana insta a Timoteo a tener un corazón agradecido y le dice: «Pero gran ganancia es la piedad acompañada de contentamiento».(1 Timoteo 6:8). Y da las razones del por qué el contentamiento nos inmuniza contra la avaricia. Porque nada trajimos a este mundo y sin duda nada podremos sacar. (1 Timoteo 6:7).

La clave para mantener el corazón inmunizado de la codicia es mantener el espíritu de gratitud y contentamiento. Pero no solo una gratitud pasiva, del corazón, sino gratitud activa presente constantemente en nuestra forma de hablar. Porque la gratitud no verbalizada tarde o temprano se esfuma en el vacío de la insatisfacción, y se transforma en queja proclamada. Pablo es claro al decir que quien no agradece lo que tiene pronto se enreda en el lazo de la codicia y los deseos vanos. En 1 Timoteo 6:9 dice lo siguiente: «Porque los que quieren enriquecerse caen en tentación y lazo, y en muchas codicias necias y dañosas que hunden a los hombres en destrucción y perdición».

Es incuestionable que la codicia se alimenta de desprecio para vitalizarse hasta volverse un deseo descontrolado. Y la primera aliada que busca la codicia para enquistarse en la voluntad humana, son las palabras. Cada vez que una persona reniega, se queja o murmura de su situación, la codicia se fortalece. Ocurrió así con el pueblo de Israel y ocurre con cada persona en la actualidad.

El rey David era un estratega militar como pocos ha habido en la historia de la humanidad y por algo tiene su podio en el historial bíblico. Y si la fama de David ha llegado hasta nuestros días como un ejemplo vivo de imitar, no es precisamente por su rectitud moral, ni su perfección espiritual. Como cualquier ser humano, el rey David cometió graves errores en todos los sentidos, errores que le costaron muchas lágrimas y ausencia de paz. Sin embargo, si hay algo en lo que David es un ejemplo digno de imitar, es en su capacidad de agradecer verbalmente los favores recibidos. Cada vez que David se vio tentado a renegar de su mala suerte y sus labios estuvieron a punto de resbalar en la queja y la murmuración, reaccionó con alabanza y gratitud.

Los Salmos son un compendio completo de cómo huir de la codicia del alma a partir de la alabanza. Cada vez que la noche oscura invadía el corazón del rey y las circunstancias parecían ponerlo contra las cuerdas de la desesperanza y la frustración, David hacía lo único que podía hacer: declarar el favor divino y reposar su abatimiento en la gratitud. Hay muchos salmos que podríamos usar como ejemplo de lo que estoy diciendo. No obstante, hay uno bastante conocido por lo icónico y ejemplarizante, y es el Salmo 103. En dicho salmo, David hace toda una declaración de gratitud que lo pone en perspectiva de lo que ha recibido de Dios. Cuando David siente que las cosas no marchan como debieran y la tentación de la queja quiere tenderle lazo verbal, él reacciona haciendo lo que mejor sabía hacer: alabar, agradecer el favor divino. Pero para poder alabar, David tiene primero que hacer un inventario de lo que Dios había hecho por él. En otras palabras, el salmista obliga a su alma a recordar los favores recibidos: «Bendice alma mía a Jehová y no olvides ninguno de sus beneficios». (Salmos 103:2).

Si el pueblo de Israel hubiera hecho algo tan sencillo como recordar los favores recibidos, sus palabras jamás hubieran quedado enredados en el lazo de la queja y el desprecio; la avaricia no hubiera minado su corazón con todo tipo de deseos impuros, y aquella generación no hubiera quedado sembrada en el desierto. Donde hay gratitud y aprecio por las cosas recibidas, la avaricia y la codicia no pueden germinar y echar raíces, porque la codicia y la gratitud no puede habitar juntas. La una sobrevive al precio de la otra. Así ha sido desde siempre y así seguirá siendo hasta el final de los tiempos. Por eso si no queremos quedar anulados en los desiertos temporales de la vida, debemos considerar, no solo lo que hemos hecho mal en términos morales, sino lo que hemos dicho mal.

Muchos cristianos son expertos en cuidar sus acciones, porque creen que son las únicas que acarrean consecuencias. Su consigna es: no hago esto para que no venga aquello. Sin embargo, la maldición no solo nos alcanza por lo que hacemos sino por lo que decimos. Tenemos al pueblo de Israel como ejemplo de lo que producen las palabras de ingratitud y la queja. Si hay algo que los hijos de Dios debemos cuidar son los dichos de nuestra boca. Las palabras son la puerta a la bendición o a la maldición.

ANTÍDOTOS CONTRA LA CODICIA Y LA INGRATITUD

La primera generación de israelitas despreció el maná y ese desprecio se manifestó en queja, y paulatinamente la queja arrastró al pueblo al desprecio por la provisión divina (Números 11:6). Pero si los israelitas hubieran echado mano de los antídotos que Dios les había provisto, sin lugar a dudas la maldición de la codicia no los hubiera destruido.

A continuación, vamos a hacer un repaso rápido alguno de esos antídotos contra la codicia y la murmuración:

1. Enfócate en la Palabra de Dios

La codicia entró al corazón de los israelitas cuando perdieron su capacidad de enfoque; cuando dejaron de mirar la nube y la columna de fuego, prototipo del sustento y cuidado de Dios, y empezaron a enfocarse en las palabras del pueblo extranjero que iba con ellos.

Ejemplo actual:

No importa lo que diga la televisión respecto a la economía, ni respecto a la seguridad, ni lo que digan los demás o las personas que no conocen a Dios sobre la situación moral, social o económica de la ciudad. Recuerda tu socorro viene de Jehová que hizo los cielos y la tierra (Salmos 121) y no de ningún gobierno, ni de tus jefes, ni de tus familiares, ni siquiera de tus propias habilidades.

2. Recuerda lo que Dios ya hizo en el pasado

De acuerdo a la Biblia recordar es un mandato. Para los israelitas recordar era un deber sagrado.

Tanto que la mayoría de sus fiestas nacionales están basada en el acto de recordar. La Pascua judía es una fiesta asentada en la memoria. Una vez que el pueblo de Israel poseyó la tierra de Canaán debían hacer memoria permanente de la fidelidad de Dios. Nuestro Señor jamás pide hacer algo que Él mismo no practica. Dios recuerda, Él hace memoria de sus pactos eternos con el hombre y actúa de acuerdo a ellos (Isaías 46:9-11). El arcoíris postdiluviano es una señal de memoria en la que Dios basa su misericordia. Isaías 49:15-16 nos habla de este atributo de Dios con las siguientes palabras: «¿Puede una mujer olvidar a su niño de pecho, sin compadecerse del hijo de sus entrañas? Aunque ellas se olvidaran, yo no te olvidaré. He aquí, en las palmas de mis manos, te he grabado; tus muros están constantemente delante de mí».

Dios no se olvida de sus promesas y se mueve constantemente en ella, porque Él no miente.

La ingratitud, la deslealtad, la codicia vienen cuando nos olvidamos de los favores que Dios y otros han hecho por nosotros. Sin embargo, cuando constantemente estamos recordando la fidelidad de Dios en aquellos momentos cruciales de nuestras vidas, fortalecemos la confianza y la seguridad de que Él puede hacerlo de nuevo.

Ejemplo actual:

Si estás pasando por un túnel de oscuridad espiritual, emocional, físico, etc., donde sientes que la esperanza se transforma en desalación y angustia, apela a tu memoria, y recuerda aquellos momentos donde la fidelidad de Dios brilló intensamente a tu favor.

3. Santifica tus palabras

El ser humano no es solo lo que hace. También es lo que dice. Uno conoce a una persona por su firma de expresarse. No en vano el dicho popular que dice: dime de qué presumes y te diré de qué careces. La santidad no comienza en el corazón, ni en las acciones morales. La verdadera santidad, la que produce frutos dignos de arrepentimiento, comienza por el lenguaje. Cuando cambia nuestro lenguaje cambia nuestra manera de vivir. La Biblia dice que somos lo que nuestros labios dicen que somos (Lucas 6:45). Pues los pensamientos antes de convertirse en acciones pasan por las palabras para afirmarse y enraizarse en la voluntad.

La forma más eficaz de santificar las palabras es adorando. La adoración es un baño de gracia que limpia nuestra boca de la impureza y la iniquidad. Recuerda lo que dice la Biblia en ese sentido:

«En aquel tiempo devolveré yo a los pueblos pureza de labios, para que todos invoquen el nombre de Jehová, para que le sirvan de común consentimiento». (Sofonías 3:9).

«El que ama la pureza de corazón tiene gracia en sus labios, y el rey es su amigo». (Proverbios 22:11 BDLA).

Ejemplo actual:

Los labios fueron dados al hombre para adorar, agradecer y bendecir. Pero el enemigo ha desvirtuado esa función elemental y ha cambiado adoración por queja, crítica y maldición. Aun en las redes sociales se puede ver cómo el pueblo de Dios ha desvirtuado el potencial del lenguaje. En vez de usar esa herramienta tecnológica para glorificar a Dios, sobre todo, la estamos usando para lanzar dardos venenosos contra el gobierno, la sociedad, las situaciones, o incluso, para alardear y presumir de una vida que no tenemos. La manera más fácil de caer en las redes de la codicia y la avaricia es empezar a decir tonterías superficiales y sin razón.

«Sea vuestra palabra siempre con gracia, sazonada con sal, para que sepáis cómo debéis responder a cada uno». Colosenses 4.6.

4. Determina cuál es tu mayor riqueza

El pueblo de Israel confundió el valor de la realidad. Le otorgó valor a lo que realmente era pasajero y despreció lo que era eterno.

Dejó de valorar algo que venía directamente del cielo como era el maná para codiciar un pedazo de carne y unos ajos y unas cebollas. (Números 11:5-6). Cada vez que pensaban en la comida que dejaron en Egipto se les hacía agua la boca. Saben algo, la codicia se erige sobre el baluarte del desprecio; ese es su sustento y su excusa funcional.

El pueblo cambió una gloria incorruptible por una corruptible. Y eso determinó su destino. El pueblo pensó que despreciar la provisión del cielo representada en el maná no iba a tener mayores consecuencias, que Dios iba a pasar por alto semejante acto de deslealtad y lo iba a poner al nivel de cualquier otro pecado. Pero no, el pueblo no estaba despreciando una cosa, sino una persona, a Dios mismo.

Es muy fácil decir, ¡oh qué pueblo tan necio! ¿Cómo fue tan idiota? Pero la realidad de Israel no es muy distinta a la realidad actual. Nosotros sabemos que el maná era un prototipo de Cristo, pues de acuerdo al evangelio de Juan 6, Él es el pan que descendió del cielo. Y la Biblia dice: «Yo soy el pan de vida; el que a mí viene, nunca tendrá hambre; y el que en mí cree, no tendrá sed jamás». (Juan 6:34). Sin embargo, para muchos cristianos esto es simplemente una bonita declaración de fe que no tiene mucho que ver con la realidad práctica de vida diaria.

Para muchos esta declaración es casi un mito irrelevante, una aspiración que nada tiene que ver con la practicidad de la vida. ¿Por qué lo digo? Porque si realmente viviéramos a plenitud el énfasis de esta declaración no viviamos el estrés y los afanes de la vida, buscando nuestra identidad y sustento en cosas que realmente son pasajeras. Viviríamos como María a los pies del Maestro siendo impregnados de su gracia permanente, y no viviríamos como Marta afanada y turbada por las tareas cotidianas que siempre va a estar ahí por más de que nos esforcemos. (Lucas 10:38). En otras palabras, Jesús sería nuestra mayor riqueza y no las cosas temporales de la vida. La Biblia es clara en decir que nuestro corazón está donde está nuestro tesoro.

El hecho puntual es que Cristo para muchos «llamados cristianos» no es su tesoro sino solo la excusa para llegar a su verdadero tesoro. En otras palabras, Cristo es el comodín para llegar a lo que realmente nos roba el aliento. Los israelitas despreciaron el maná, porque su corazón realmente estaba enfocado en un deleite diferente. Ellos querían placer, provisión y una tierra donde ser señores, pero no a Dios. Dios era solo el medio para llegar al fin, y quedó demostrado cuando despreciaron el maná por añorar un trozo de carne.

LOS DESIERTOS REVELAN EL VALOR DE LAS COSAS

Los desiertos de acuerdo a la Palabra de Dios es el lugar donde la mentira y la verdad se enfrentan cara a cara, y donde el cristiano decide por cuál de las dos partes se la juega. A veces nuestro tesoro es una mentira tan bien envuelta y camuflada en el más exquisito papel de regalo, que nos pasamos la vida alardeando o persiguiendo la mentira como si fuera la verdad fundamental. Los desiertos tienen el poder de abrir nuestros ojos y hacernos ver más allá de las envolturas aparentes. Allí la verdad y la mentira quedan desnudas y es imposible hacerse el de la vista gorda, los ciegos por conveniencia.

Conozco personas que viven renegando de todo y de nada al mismo tiempo, su vida es una completa maratón de afanes y ansiedades, donde ellos mismos no saben detrás de qué están corriendo, y de pronto, ¡zuazz!, se encuentran atascados en el desierto de la enfermedad, la ruina, la pérdida emocional, el caos circunstancial más tremendo y es allí cuando sus horizontes se despejan y sus ojos se enfrentan a la más cruda realidad.

Tristemente muchos descubren que la familia era un verdadero tesoro, solo cuando la pierden. O descubren el valor de la salud cuando esta ya no está presente, y es ahí donde comienzan los *ayayay* y los arrepentimientos. El dicho doloroso de que nadie sabe lo que tiene hasta que lo pierde, se vuelve una insolente realidad. Ese es el valor de los desiertos. La vista ve a campo descubierto como mencioné en el primer capítulo. El reflejo de la luz en los desiertos es tan potente que las cosas se ven en sus justas proporciones.

El mismo Jesús en Lucas 4 pasó 40 días en el desierto, y allí fue donde llegó a la conclusión, por vía de la experiencia y no solo de la tesis, lo que dice la Escritura en Deuteronomio 8:3 «Y te afligió, y te hizo tener hambre, y te sustentó con maná, comida que no conocías tú, ni tus padres la habían conocido, para hacerte saber que no sólo de pan vivirá el hombre, mas de todo lo que sale de la boca de Jehová vivirá el hombre».

Los israelitas vivieron 430 años en Egipto como esclavos, trabajando la tierra para un imperio ajeno a sus afectos. Y ciertamente añoraban ser señores de su propia tierra; querían volver a saberse señores de un territorio donde no fueran extraños sino dueños. Y suspiraban por esa tierra que Dios había prometido a sus antepasados. Sin embargo, aunque en ese deseo había una sinceridad justificada, Dios quería llevarlos al desierto para revelarles una riqueza más grande que la que ofrece una simple tierra. Él quería ser el especial tesoro para el pueblo, convertirse en su heredad eterna, para enseñarles que el verdadero sustento para el hombre no está en una cosa sino en una persona: en Él mismo. Pero ellos despreciaron esa verdad, y optaron por la cosa y renegaron de la persona.

La torpe actitud de los israelitas no es algo superado como fenómeno histórico; no es apenas una anécdota infortunada en el historial de la humanidad. Muchos cristianos siguen gravitando sobre el mismo engaño; creyendo que las cosas los determinan y no la persona de Jesús.

El trabajo, ni la familia, ni la casa, ni los amigos, ni el estatus social te definen como persona. Tu identidad está ligada a la eternidad, y por eso Jesús habló de la necesidad de poner la mirada en las cosas eternas, en las que no son pasajeras, es decir, en el corazón del Padre celestial (2 Corintios 4:17).

No desprecies el maná

No despreciar el maná, tiene que ver también con valorar apropiadamente y con actitud agradecida las bendiciones que tenemos. Es decir, no despreciar lo que sí tenemos a la mano, para añorar lo que no nos corresponde. Y de todas las bendiciones que tenemos, la más grande de todas es Jesús. La Biblia dice que Él es el maná que descendió del cielo (Juan 6:31-35) y, por lo tanto, su presencia en nuestras vidas debe de ser el tesoro más valioso que atesoremos. Sin embargos, muchas personas no son conscientes de ello o prefieren ignorarlo sencillamente porque sus motivaciones y deseos gravitan exclusivamente en las bendiciones materiales y no el dador de las bendiciones. Recordemos que eso fue lo que le pasó al pueblo de Israel. Cuando los israelitas en el desierto despreciaron el maná no estaban rechazando una cosa, un producto o un elemento físico, estaban rechazando a Dios mismo, y en el sentido profético más profundo a Jesucristo. Por eso Dios se enojó de la forma como lo hizo; porque su pueblo escogido no estaba rechazado una dádiva temporal sino a su preciado Hijo, el pan de vida que descendió del cielo.

Es triste reconocerlo, pero en la actualidad, hay personas que consideran su mayor tesoro o posesión una moto, un auto o una casa y no al Salvador del mundo. La vida se les vuelve un tormento, una obsesión porque dejan de disfrutar la presencia amorosa de Jesús en sus vidas por obsesionarse con lo que es temporal y no es eterno. Eso explica por qué muchos (aún dentro del pueblo de Dios) basan su identidad y sentido de pertenencias en cosas, personas, o estados temporales y no en vivir una vida de comunión con Jesús. No perdamos de vista que aunque el pueblo de Israel tenía la presencia de Dios como garantía absoluta de supervivencia, ellos despreciaron esa presencia inconmensurable por la añoranza de un bien material intrascendente.

Ahora bien, Dios ama a su pueblo y está comprometido con sacarnos el engaño del corazón, y a veces la única manera que Él tiene de captar nuestra atención es llevándonos una temporada al desierto, no para que muramos allí, sino para resucitarnos a la verdadera vida; a una de gratitud y contentamiento, donde entendamos que el reino de Dios no consiste en comida ni en bebida, sino en justicia, paz y gozo en Cristo Jesús. Los desiertos, asumidos con actitud humilde y valor, son el trampolín perfecto para llevarnos a la verdadera tierra de la promesa.

Antes de terminar este capítulo quisiera llevarte a meditar en las palabras del Salmo 100:4 que dice:

«Entrad por sus puertas con acción de gracias, Por sus atrios con alabanza; Alabadle, bendecid su nombre. Porque Jehová es bueno; para siempre es su misericordia, Y su verdad por todas las generaciones».

No existe mejor antídoto contra el espíritu de angustia que deja la codicia y la ingratitud, que el corazón agradecido y complacido en la fidelidad de Dios.

Capítulo 7

OÍD PALABRA DE JEHOVÁ

Escrito está: «No sólo de pan vive el hombre, sino de toda palabra que sale de la boca de Dios». (Mateo 4:4 NVI)

A través de todo este libro hemos estado aludiendo a los desiertos, en su sentido análogo, comparativo, o en su simbología espiritual, como el medio más eficiente para que las obras de Dios se manifiesten en nuestras vidas de forma tan contundente que no nos quede duda de que Él es absolutamente digno de confianza, y por lo tanto, demostrar de que no hay nadie mejor que Él para depositar nuestra fe.

Sin embargo, casi todo lo evaluado hasta aquí tiene que ver con demostraciones puntuales y objetivas de cómo las obras de Dios y sus portentos más visibles se hacen efectivos a través de las pruebas y las dificultades que representan los desiertos. En este capítulo quiero que miremos la fidelidad de Dios y su lealtad asombrosa, ya no a través de lo que Él hace o dice, sino por medio de lo que Él es.

Cuando una persona quiere demostrar que tiene poder sobre algo solo tienen que probar que es capaz de hacer determinadas cosas para que su habilidad quede manifestada. No obstante, por los hechos objetivos uno no logra conocer plenamente a una persona; a lo sumo conoce algunos rasgos, como sus habilidades innatas sobre cierta materia, pero eso no es suficiente para afianzar los lazos de la confianza en todo lo que esa palabra implica. Para que haya completa confianza y seguridad uno no solo necesita saber que la persona tiene poder o domina ciertas materias con un nivel de destreza que descreste, es importante ahondar más en los valores internos de la persona, en su carácter, en su psicología interior, pues es conociendo a la persona en esas áreas que no son tan visibles que nacen los lazos afectivos y los lazos de confianza y lealtad más duraderos en el tiempo.

Lo pongo en otros términos para que quede más claro. Poder y autoridad no necesariamente son lo mismo, ni producen los mismos efectos en otros.

Una persona puede tener mucho poder, y, aun así, no inspirarnos la más mínima simpatía. Otras en cambio, aun cuando no tengan mucho poder o habilidad sobre algo pueden generar en nosotros tanta seguridad y confianza como en ninguna otra persona. Mientras el poder tiene que ver con saber hacer determinadas cosas, la autoridad tiene que ver con el carácter de la persona, con su misma esencia, con lo que ella es independientemente de sus hechos.

En ese sentido, la dignidad de una persona no está en lo que hace sino en lo que es. Su valor, por ende, no está determinado por sus manos o su mente, sino por su corazón, por el simple hecho de ser quien es.

A veces solemos creer que Dios es digno de respeto y confianza solo por lo que Él hace. Es más, no creo equivocarme si digo que casi siempre la motivación para acercarnos a Él tiene que ver con pedirle que haga determinadas cosas a nuestro favor. Para muchos cristianos la oración simplemente es un rosario de quejas y peticiones, una manera poderosa de hacer que la voluntad divina actúe a nuestro favor y «haga» aquello que tanto anhelamos ver. Pero si fuéramos sinceros, tendríamos que aceptar que lo que nos mueve a clamar a Dios y a someternos a Él, son sus obras o sus hechos y no tanto su persona. Buscamos del Señor porque sabemos que Él tiene poder para hacernos bien como para hacernos mal, para enviarnos al cielo a gozar eternamente con Él o para mandarnos al infierno a sufrir por los siglos de los siglos.

Dios no es una máquina de hacer favores, ni es un dispensador de misericordias, como esos artefactos que hay en los aeropuertos o en algunos centros comerciales, a los que uno les puede echar una moneda o introducir un billete por una ranura y éste en respuesta nos devuelve el producto de nuestra elección. Dios es una persona y, como tal, su dignidad no está en lo que sabe y puede hacer sino en lo que Él es, es decir, en su capacidad de relacionarse con aquellos otros seres que Él mismo creó a su propia imagen y semejanza. En ese sentido, nuestro Padre celestial es digno de confianza y lealtad, no porque tiene poder para hacer esto o aquello, sino porque Él es el Señor de todo. Su autoridad no viene de sus manos sino de su Señorío. Aunque él no hiciera nada por ti, ni respondiera efectivamente ninguna de tus peticiones, ya es digno de confianza y respeto, ya es merecedor de toda honra y toda gloria.

Yo no sé a cuántos de ustedes alguna vez lo han tratado como una cosa que solo sirve para hacer esto y aquello o se han acercado a ustedes solo por lo que saben hacer. Ciertamente cuando a uno lo tratan como una máquina de hacer favores y lo respetan apenas por lo que sabe hacer y no por lo que es, la autoestima se fracciona y paulatinamente la dignidad propia se va devaluado tanto que no lleva a valer más que un simple favor.

LA AUTORIDAD DEMOSTRADA

Aunque en apartes anteriores de este mismo libro ya hemos tratado el asunto de los desiertos como el lugar (o tiempos) propicios para Dios darse a conocer íntimamente como Señor de todo, es importante que prestemos mayor atención a este hecho porque de esto depende que comprendamos la verdadera amplitud y profundidad de los desiertos, como analogía espiritual del lugar donde Dios puede ser completamente Él mismo.

Como sabemos, Dios es un Dios de procesos y siempre nos lleva de lo menos a lo más porque su obra en el ser humano es integral, es completa. Nuestro Señor no es mediocre, ni deja a medias lo que comienza, él es un Ser perfecto en todos los ámbitos y todo lo que él hace está bañado de la más hermosa y asombrosa perfección. Él termina lo que comienza, porque es parte de su naturaleza, de su carácter. Por eso la Escritura dice que Él es el Alfa y la Omega, el principio y el fin. (Apocalipsis 22:13). Por eso mismo la Escritura no da lugar a dudas cuando enfatiza que «que el que comenzó en vosotros la buena obra, la perfeccionará hasta el día de Jesucristo». (Filipenses 1:6).

Dicho esto, es claro que los desiertos, según Dios, son un lugar especial para verlo a Él no sólo en relación a su poder, sino también en relación a su autoridad. En los desiertos Dios muestra su poder, pero no se queda con eso, allí le demuestra al hombre cuál es el origen de su poder. Trataré de explicarlo mejor con un ejemplo:

Imagínese que llevas años ahorrando juiciosamente para comprar una casa donde vivir seguro y confiado con su familia. De pronto alguien te dice que tiene una propiedad que se ajusta a tu presupuesto y a tus aspiraciones. Usted pacta enseguida una cita con quien dice ser dueño de esa propiedad y enseguida vas a ver la casa. Ciertamente la persona da muestras de tener poder sobre esa propiedad porque al llegar a ella saca unas llaves y abre la puerta principal y entra con mucha confianza a la casa en cuestión. Una vez adentro, el hombre se mueve como Pedro por su casa. Te lleva a mostrar cada espacio interior, te enseña cada habitación, cada baño, y te habla de las características de la casa con mucha seguridad. Tú quedas gratamente sorprendido porque el inmueble se ajusta a tus gustos y presupuesto. La pregunta es: ¿te bastarías con eso para cerrar el negocio? ¿Harías un trato con ese hombre basado solo en la aparente demostración de poder que el vendedor está mostrándote?

Aunque el hombre tiene unas llaves de la casa y actúa con mucha seguridad, eso no es ninguna prueba legal de que tenga derechos legítimos sobre esa propiedad.

¿Qué hace falta? Que el hombre muestre el título de propiedad, unas escrituras auténticas que avalen que el vendedor es en realidad el dueño de la propiedad en venta, y por lo tanto, tiene derecho legal para vender.

Aunque el vendedor te dio algunas señales de poder, como mostrar unas llaves, como caminar por la casa con mucha seguridad, ahora falta lo más importante: revelar la fuente de su autoridad sobre esa propiedad. Y eso no se logra por medio de palabras, ni de una llave, sino por medio de unas escrituras públicas. Lo único que te da confianza y seguridad absoluta de que no estás siendo estafado sino haciendo un buen negocio, es viendo el título de propiedad y comprobando que este título ciertamente es original y no algo fraudulento. ¿Y cómo logras saber que el supuesto dueño es realmente quien dice ser? Vas a la autoridad competente y te aseguras de que el título de propiedad sea legal y coincida con las palabras del vendedor. Solo así tienes la confianza suficiente para hacer negocios con el dueño.

Pues Dios siendo el Señor de todo lo creado, no se limita simplemente a demostrar que tiene dominio sobre cualquier circunstancia. Él demuestra que su poder es legítimo, y por lo tanto, es confiable. Como dueño de todo, su autoridad no da lugar a dudas ni suspicacias. Él está en control porque sus hechos están profundamente enraizados en un derecho legítimo. Dios no vende humo ni falsas expectativas. Lo que Él dice, Él lo hace porque es absolutamente verdadero, un Dios que cumple lo que promete.

Tristemente los seres humanos luchamos con la desesperanza y la desilusión, porque hemos perdido la confianza en las palabras de las personas. La palabra se ha devaluado tanto, que ya nadie cifra sus esperanzas en las palabras de nadie. Los políticos prometen cosas mientras se ganan el voto del pueblo, pero una vez aseguran lo que tanto buscaron se olvidan de cumplir lo prometido. Las promesas de amor eterno solo tienen efectos instantáneos que no soportan una mínima crisis. Ya no creemos ni en las palabras de nuestras autoridades ni de aquellas personas a las que les debemos respeto y afecto. Y lo más terrible del asunto, es que nos cuesta confiar hasta en la palabra de Dios. En el mejor de los casos creemos que ella es eficaz para cualquier persona, menos para nosotros. Y por eso vivimos dando tumbos de desesperanza en desesperanza, de desilusión en desilusión. Por eso somos auto-dependientes, desconfiados y rebeldes. Porque tácitamente creemos que lo que no hagamos por nosotros mismos nadie lo hará.

LAS PALABRAS DE DIOS SON LAS ÚNICAS QUE PUEDEN DAR VIDA

Hubo una época en la que el pueblo de Israel perdió las esperanzas al grado sumo de darse por vencido moralmente. Ellos simplemente dieron por hecho que su situación era tan terrible que ya ni el mismo Jehová de los ejércitos podía sacarlos de su tremenda crisis. A pesar de que sus profetas les hablaban de una futura restauración, de un tiempo donde todo sería armonía y victoria, y donde Dios finalmente cumpliría su promesa de hacer de ellos una nación próspera en todos los ámbitos, ellos habían puesto en entredicho esas palabras y mirado con desprecio o indiferencia colectiva cualquier intento de sus líderes espirituales por levantarles la moral y devolverles la esperanza. Era tan fuerte el desaliento espiritual del pueblo en cautiverio que el mismo profeta Ezequiel empezó a ser contagiado por el pesimismo existencial que embargaba a sus coterráneos. Y no era para menos. La situación de Israel era simplemente desconsoladora. Había sido llevado como ganado a una nación extranjera y estaba en el peor de los escenarios, moral y espiritualmente hablando.

En ese contexto es que el profeta Ezequiel trata de infundirles aliento y ponerlos en perspectiva de la futura restauración. Pero ya nadie creía, ya nadie confiaba en que eso sería posible, y la duda y el pesimismo se fue instalando tan profundamente en la psiquis de los israelitas que cualquier palabra de alivio o consuelo resbala como si fueran gotas de agua en una superficie impermeabilizada con aceite.

El profeta Ezequiel también empezó a ser permeado por la duda y el desconsuelo, y Dios tiene que intervenir para evitar que su confianza se siga erosionando. Dios lleva en su Espíritu al profeta y lo pone en medio de un valle de desolación minado de huesos, y allí en medio del escenario más terrible es que le muestra al profeta que Él no solo tiene poder para hacer lo que ha prometido, sino que, además, muestra el origen de su autoridad.

Ezequiel capítulo 37 es el escenario donde Dios restaura la confianza de un profeta maltrecho espiritualmente. Pero antes de actuar, Dios hace dos cosas preliminares antes de mostrar toda su magnificencia. Primero hace que el profeta pase lo más cerca posible de aquel montón de huesos y observe detalladamente la realidad que lo rodea antes de lanzarle una pregunta directa que tiene como única finalidad de medir el grado de deterioro de confianza del profeta.

El profeta queda tan impresionado por lo que ve y por lo que escucha que queda sin respuesta. Cuando Dios lo confronta y le pregunta qué cree él acerca de lo que está viendo y sí cree que esos huesos revivirán, el profeta simplemente no sabe qué responder. La mejor manera que tiene de camuflar su desconfianza es diciendo «Señor Jehová, tú lo sabes». En otras palabras, el profeta ya no tenía certeza de nada y la única forma que tiene de resolver su incredulidad tácita, o no manifestada abiertamente, es devolviéndole la pregunta al Señor.

Sin embargo, Dios no se da por vencido y confronta nuevamente al profeta poniéndolo en perspectiva de su autoridad, cuando le ordena vehementemente que profetice sobre los huesos y les diga que escuchen las palabras del Señor. (Ezequiel 37:4).

Y es aquí donde está el punto interesante de este pasaje. ¿Cuándo ocurrió el milagro? ¿Cuándo los huesos secos comenzaron a revivir? Evidentemente cuando el profeta obedeció, no al desencanto de su corazón, sino a las palabras de su Señor.

Dios hubiera podido haber hecho un milagro asombroso y Él mismo haber profetizado sobre los huesos secos para demostrar su poder y avergonzar al profeta por albergar duda e incredulidad. Pero Dios no lo hizo así. El Señor primero restauró su confianza como profeta, y luego por medio de esa confianza restaurada obró el milagro. A medida que el profeta obedeció y comenzó a proclamar las palabras de Dios sobre los huesos secos, éstos comenzaron a sacudirse y a dar señales de vida.

Aquí hay varios mensajes encriptados en una solo realidad. No importa el nivel de la situación, ni el tamaño de la frustración y la desconfianza, Dios sigue siendo Dios a pesar de las circunstancias y a pesar de nosotros mismos. Lo segundo es que la confianza pasa por las palabras, por la boca. Dios habita en las palabras y a través de ella demuestra que tiene poder aún de resucitar lo que está muerto. El enemigo sabe cómo actúa Dios y por eso lo primero que hace es desvirtuar las palabras para llenarlas de desencanto y frustración.

Muchos cristianos quieren ver a Dios actuar y verlo moverse sobrenaturalmente sobre sus situaciones personales, pero no hacen otra cosa que renegar y quejarse. Usan sus labios para ponerse de acuerdo con las tinieblas y seguir sembrando dudas y desolación a su corazón. Las quejas continuas del pueblo de Israel y sus recurrentes verbalizaciones de la desesperanza fueron abriendo un boquete en el corazón del profeta de Dios al punto de arrastrarlo a él también al abismo de la desesperanza.

Muchos cristianos no ven a Dios, no porque no crean que él es Señor de toda buena obra, sino porque el verdadero timón que gobierna sus emociones está en su boca, en su lenguaje minado de negativismo y frustración. Le piden a Dios que haga algo, pero a la hora de actuar, le creen más a sus propias palabras que a las palabras de Dios.

Antes de mostrar su autoridad, Dios llevó al profeta Ezequiel al origen de su desconfianza y lo confrontó de la manera más radical posible. Lo hizo ver con sus propios ojos y luego lo hizo tomar una decisión. ¿A quién le crees más? ¿A lo que ves o a lo que oyes? Mientras los ojos del profeta estaban viendo muerte y desolación, sus oídos estaban oyendo a Dios decirle que profetizara vida. ¿Qué hizo el profeta? ¿A quién le obedeció? Afortunadamente el profeta decidió actuar no conforme lo que veía, sino conforme lo que oía, y ahí estuvo la clave de su victoria.

¿Sabes una cosa? Ezequiel 37 nos da una gran lección: la confianza no es una emoción sino una decisión. Pero no solo eso. La lección se explaya y toca un asunto mucho más relevante: la palabra de Dios no es una autoridad cualquiera. La vida no depende de las circunstancias temporales, sino de lo que Dios dice. Ezequiel lo comprendió como ningún otro profeta y a partir de ahí su vida no volvió ser la misma. Él tuvo que vivir una situación radical para conocer la más radical de todas las verdades: la vida está en la palabra de Dios.

En el Nuevo Testamento encontramos el testimonio de un hombre que no tuvo que vivir una situación tan extrema para entender este principio elemental. Se trata del centurión romano. Dice el evangelio de Lucas 7 que el siervo de un centurión ha muerto, y como éste lo tenía en gran estima manda a llamar a Jesús, pues había oído que Él tenía poder para realizar milagros. Jesús atiende a la solicitud del centurión y decide ir a su casa para sanar al enfermo. Así que el centurión hace algo que nadie se esperaba. Le dice que él no es digno de que el Maestro entre a su casa, que no se moleste; entonces le expresa las siguientes palabras: «por lo que ni aun me tuve por digno de venir a ti; pero di la palabra, y mi siervo será sano. Porque también yo soy hombre puesto bajo autoridad, y tengo soldados bajo mis órdenes; y digo a éste: Ve, y va; y al otro: Ven, y viene; y a mi siervo: Haz esto, y lo hace». (Lucas 7: 7- 8).

El centurión conocía de sobra cómo opera la autoridad porque él mismo era un hombre con autoridad, y simplemente actúa obedeciendo este principio. Él sabía que una sencilla palabra del Maestro era suficiente para que su criado sanara y se acoge a ella con total seguridad. Jesús quedó tan sorprendido por el nivel de entendimiento del centurión que lo tomó como referencia para enseñar cómo es que funciona el principio de autoridad.

Ahora bien, quién tiene autoridad, no la presume, simplemente la ejerce, y lo hace a través de sus palabras y se basta con ello. Si entendiéramos esto al mismo nivel del centurión, viviríamos nuestra fe de una manera distinta. No dependeríamos tanto de nuestros ojos para creer sino que prestaríamos más atención a la palabra de Dios cuando dice: «Os digo que ni aun en Israel he hallado tanta f». (Lucas 7:9)

EN LOS DESIERTOS APRENDEMOS A PRESTAR ATENCIÓN

Por más absurdo que parezca, los desiertos, llámense como se llamen, son el mejor lugar para aprender a decidir por cuál sentido regimos nuestra vida de fe; si por lo que vemos o por lo que oímos. En otras palabras, allí decidimos el tipo de experiencia sobre la que queremos construir nuestra realidad personal. Los grandes profetas de Dios tuvieron que pasar por el desierto para que sus oídos se agudizaran y fueran sensibles a la voz de Dios. Ya hemos visto cómo el mismo Moisés y Elías pasaron una buena temporada en el desierto para aprender a ser idóneos en su llamado. En este aparte hemos tomado al profeta Ezequiel, como ejemplo vivo y contundente de cómo en un valle de muerte él tuvo que decidir qué sentido lo determinaba, lo regía: si sus ojos o sus oídos.

Dios sabe que si nuestros oídos no están entrenamos apropiadamente para escucharlo a Él, entonces nuestros ojos fácilmente tomarán la vocería y acabarán por gobernar nuestra voluntad. Los ojos y la boca no son buenos aliados como atalayas de nuestro destino. Tanto los ojos como la boca son fácilmente seducidos por la incredulidad y se ponen de acuerdo para guiar a las personas por el camino que conduce a la anulación y la rebeldía.

En cambio, cuando aprendemos a oír apropiadamente a Dios y usamos nuestros labios como el aliado natural de nuestros oídos, entonces creamos las condiciones para que la gloria de Dios se manifieste de las maneras más asombrosas.

El propio Jesús, con todo y que era el hijo de Dios tuvo que aprender a decidir si erigía su vida sobre lo que veía o lo que oía. Todos estamos familiarizados de una u otra forma con el icónico pasaje de Jesús en el desierto narrado en el evangelio de Mateo 4. Pero lo que a veces pasamos por alto es que ese no fue el único desierto que Jesús experimentó a lo largo de su vida. De hecho, los desiertos, en su sentido metafórico, fueron el lugar más fértil para que Jesús creciera en su relación con el Padre celestial. Cuando leemos concienzudamente el itinerario de vida de Jesús nos damos cuenta de que Él hizo del desierto un santuario cada vez que quiso estar en intimidad con su Padre celestial.

En los desiertos Jesús aprendió a vivir su propia realidad de fe y a basar su experiencia en la palabra de su Padre eterno y no en las reales temporales que lo rodeaban. Con su ejemplo el Maestro nos enseñó a vivir una verdad fundacional: la vista es altamente susceptible de ser engañada, y por eso una vida fundamentada en lo que se ve es el camino más seguro al caos. En cambio, una vida anclada a la palabra de Dios es el más seguro de los destinos. Por eso la fe viene por el oír y no por el ver. Y tampoco por prestarle atención a cualquier cosa, sino por la palabra del Señor.

Cuando el evangelio de Mateo capítulo 4 dice que Jesús fue llevado al desierto a ser tentado por el diablo, en realidad está diciendo que fue llevado allí para que decidiera cuál de los dos sentidos iba a determinar su ministerio.

¿Qué hace Satanás una vez han pasado los 40 días de ayuno en el desierto? Le muestra unas piedras y le crea la ilusión de que de esas piedras se pueden convertir en pan. Fue por la vista que Satanás trató de seducir la voluntad de Jesús y descarrilarlo de su llamado. Pero Jesús, sabiamente, no se dejó impresionar por la ilusión visual de un pan, y dijo esas palabras «extraordinariamente vivas y fundamentales» para todo el que quiera vivir una vida de fe saludable y fructífera: No solo de pan vive el hombre sino de toda palabra que sale de la boca de Dios. (Mateo 4:4).

Pero el diablo astutamente no se dio por vencido. Continuó con una segunda estocada visual: llevó a Jesús a la ciudad Santa, o sea a Jerusalén, y le hizo que se pusiera en el lugar más alto del templo. ¿Con qué objetivo? Obviamente de que viera lo que el enemigo quería que viera.

Nuevamente fue por el sentido de la vista que el astuto Satanás quiso asestarle un golpe violento a la voluntad de Jesús. Pero nuevamente éste resolvió el dilema respondiendo con la palabra de Dios. ¿Se dio por vencido el diablo? Por supuesto que no.

Si hay alguien testarudo y convencido en el poder de la visión es Satanás. Él sabe perfectamente que por los ojos puede manipular el deseo de las personas. Ya ese truco le había funcionado con Adán y Eva al mostrarles el fruto de bien y del mal, pues fue cuando Eva vio, miró, observó, que el fruto era bueno y que tenía buen aspecto que cedió a la tentación. El diablo lleva a Jesús al lugar más irresistible de todos: la montaña más alta desde donde Jesús podía ver (literalmente) todos los reinos del mundo, y le dice mira todo lo que puede ser tuyo, si te postras y me adoras. Jesús sabía que el mejor antídoto contra la tentación no era argumentando con su propia lógica, sino con la palabra de Dios, y eso hace. Usó como escudo protector la Palabra Viva, y ante eso, el enemigo no tuvo más alternativa que dejarle.

¿Sabes algo? Una cosa es escuchar la palabra de Dios dentro de las cómodas paredes de un templo, o leerla superficialmente en la cama antes de acostarse o al levantarse con el estrés del trabajo y los afanes cotidianos de la vida diaria como telón de fondo. Una cosa muy distinta es ser confrontado por ella en la enorme soledad de un desierto, donde no nos podemos mimetizar ni camuflar ni esconder ni excusar ni hacer nada distinto que prestar atención. Es allí donde toda la vastedad y grandeza de la palabra de Dios se vuelve esperanza, y no cualquier esperanza, sino la única esperanza.

Cuando Dios nos quiere hablar directo al corazón, de modo que no estemos distraídos por nada ni por nadie, provoca una situación de desierto para captar nuestra atención. Pero no creas que aún allí el enemigo te va a dejar en paz. Los desiertos por sí mismos no garantizan nada. Los israelitas pasaron un desierto y vieron a Dios obrar a su favor como ningún pueblo ha visto ni antes ni después de ellos, y sin embargo, les pudo la testarudez y la dura cerviz.

Cuando Dios lleva a alguien al desierto es porque tiene planes serios con esa persona, es porque quiere hablar cara a cara con sus hijos y mostrarle toda su grandeza a fin de que aprendamos a vivir una vida cristiana victoriosa. Y el principio más importante de la vida cristiana es prestar atención a las palabras del Señor. Sin embargo, vivimos en una sociedad donde cada vez es más difícil lograr la atención de la gente. Los psicólogos dicen que esta generación en particular, está viviendo como ninguna otra lo que en términos clínicos se conoce como *Trastorno de Déficit de Atención e Hiperactividad* o (TDAH), y el cual consiste básicamente en que las personas no se pueden estar quietas, no logran concretarse en nada, empiezan varias cosas a la vez y no terminan ninguna.

Una de las características más acentuadas de las personas bajo este trastorno es que actúan sin pensar. Aunque los psicólogos afirman que hay factores genéticos que pueden originar esta alteración en una persona, son cada vez más las situaciones medioambientales que la determinan. Cosas como la ansiedad, el estrés, el exceso de trabajo, los afanes de la vida diaria están llevando a las personas a experimentar más rápida y dolorosamente las consecuencias de este trastorno. Pero ¿y qué de los creyentes? Aunque hoy en día hay más Biblias impresas en el mundo y existen más versiones de las Escrituras, es increíble el creciente analfabetismo escritural. La gente ya casi no lee la Biblia y cuando la lee, no la entiende, y lo poco que entiende no es capaz de procesarlo adecuadamente para buscarle una aplicabilidad objetiva en su realidad personal. Nos cuesta prestar atención a lo que Dios dice y por esa razón somos tan presa fácil del enemigo.

No creas que Dios se queda mani cruzado de brazos ante semejante realidad. Como no se quedó cruzado con el pueblo de Israel ni lo ha he hecho a lo largo de la historia de la Iglesia, tampoco lo hará contigo. Recuerda que Dios al que ama disciplina, y parte de la disciplina de su amor es formarnos por medio de las pruebas. En ese sentido los desiertos cumplen una función formativa para Dios, pues a través de ellos Él capta nuestra atención y provocar nuestra curiosidad en torno a su Palabra.

No obstante, también podemos obstinarnos y rebelarnos. Dios no obliga a escuchar a quien no quiere. Él es un Señor en todo el sentido de la expresión, y nos atrae con sus cuerdas de amor, pero no nos estrangula con ella para obligarnos a escucharlo. Nuestra es la decisión.

Atravesar los desiertos es una cuestión de humildad; de levantar nuestras manos y rendirnos ante Aquel que es digno de absoluta confianza. Si crees que no tienes fuerzas para resistir las condiciones de tu desierto, para soportar las contingencias de tus problemas, solo haz lo único que podemos hacer: callar y dejar a Dios hacer su parte. Afina tu oído y oye palabras de Jehová pues ellas son el mejor bálsamo para el alma angustiada. Aun cuando sientas que tu noche no parece tener fin, y que la oscuridad de tu camino parece no acabarse, medita en la Palabra de Dios. No te concentres en tu realidad temporal ni pongas tu mirada en las cosas que son pasajeras. Más bien medita en las Escrituras, y recuerda constantemente las promesas consignadas en ella. Porque como dice el Manual de Vida: «Lámpara es a mis pies tu palabra y lumbrera a mi camino». (Salmos 119:105).

Capítulo 8

DIOS CUIDA DE SU CREACIÓN

A lo largo de todo este libro hemos abordado el desierto desde diferentes horizontes interpretativos con un único propósito: desmontar la idea del desierto como lugar de caos, de soledad, de agonía, de desfallecimiento y lo más terrible, como lugar de abandono. Sin embargo, por paradójico que suene, el desierto tiene connotaciones diametralmente opuestas a los preconceptos con los que comúnmente se asocia. Como hemos visto a lo largo de todo este libro, los desiertos por su fisionomía y estructura son el escenario preferido por Dios para formar al ser humano, para potenciar Su grandeza y demostrar que Él es Dios de propósitos, es decir, que Él no ha abortado ni renunciado a sus planes para su creación especial. El Padre celestial está empeñado en cumplir sus propósitos, incluso, a pesar de nosotros mismos. El salmista lo entendió y lo consignó en uno de los versos más leídos, pero también más fácilmente olvidados por las personas. «Jehová cumplirá su propósito en mí; Tu misericordia, oh Jehová, es para siempre; No desampares la obra de tus manos». (Salmos 138: 8).

El Señor mejor que nadie es consciente de que el hombre lleva sobre sus hombros las consecuencias de la Caída, de la desobediencia primera y que desde Adán en adelante a la raza humana le ha costado mucho verse en completa perspectiva de su verdadera identidad. Desde el instante en que Adán y Eva fueron expulsados del huerto del Edén, el ser humano comenzó un doloroso peregrinaje por la vida con la vergüenza y la culpa a cuestas, donde no vieron más opción que aceptar el abandono como destino común. Para ellos era claro que Dios los había abandonado a causa de su rebelión y se fueron acondicionando paulatinamente a esa condición como si ya fuera una causa juzgada definitivamente. El peso de la culpabilidad y la vergüenza los hizo verse a sí mismos como indignos del favor divino, y asumieron que necesitaban auto gestionarse si es que realmente querían darles algún sentido a sus vidas.

Eso explica el por qué la confianza es algo tan difícil en las personas, incluso en las familias, entre parejas, entre padres e hijos, entre patronos y empleados, entre maestros y alumnos, etc. Parece ser que arrastramos inconscientemente los rezagos de esa culpabilidad que nos hace ver las cosas con sospechosa perspicacia. El decir de muchos, es que nada es gratis, y aunque ciertamente esta puede ser una verdad en el sentido básico de la expresión, tiene sus afortunadas excepciones, a pesar de que resulte difícil aceptarla.

Dios sabe que hombres y mujeres, por lo general, cargamos con ese daño espiritual, y está empeñado en restaurar todas las cosas, incluyendo la percepción de que no estamos solos en el peregrinaje por la vida. No somos unas ruedas sueltas abandonadas en la inmensidad del cosmos que tienen que valerse de la propia habilidad para no desorbitarse y terminar en cualquier agujero negro de nuestro solitario deambular por la vida.

LA SOLEDAD NO SE ARREGLA CON AUTOSUFICIENCIA

Cuando Adán y Eva se vieron expulsados del Paraíso, se vieron rodeados de la voracidad del paisaje. Lo que antes había jugado a su favor y estaba a un palmo de su mano, ahora era su cruel enemigo. La tierra ya no daba frutos en la misma medida que al principio, los inofensivos animales ahora eran fieras salvajes dispuestas a despedazar y hacer daño, las hermosas flores del huerto habían sido reemplazadas por cardos y espinas, y todo eso alteró dramáticamente la consciencia de la primera pareja, disparando sus mecanismos de defensa al punto de sacar lo peor de ellos, su capacidad de violentar para defenderse. En consecuencia, entró la autosuficiencia al corazón humano y desde entonces este ha sido nuestro enemigo espiritual más venenoso. Al hombre sentirse arrojado, expulsado, fuera del huerto, entendió que estaba solo y que no contaba con más ayuda que la de su propia voluntad y se refugió tercamente en ella para no dejarse vencer por las nuevas reglas de juego y poder sobrevivir en medio de un panorama hosco y poco prometedor.

Y aunque Dios después trató de restaurar la confianza divina, el hombre respondió a medias. Tristemente prevaleció su instinto de supervivencia, porque ya no fue capaz de ver al Creador con la misma camaradería del principio. El velo de la vergüenza y de abandono lo hizo profundamente desconfiado y autosuficiente.

Aunque Dios emprendió un plan de redención tendiente a demostrarle que Él seguía siendo proveedor y que estaba empeñado en devolverlo al pedestal de sus afectos, el hombre ya no fue capaz de confiar. Le costó ver al Creador con la confianza suficiente como para depositar en Él todas sus expectativas, y en cambio, prefirió el camino de la autosuficiencia. Ese es el drama de la creación. Desde Adán hasta Abraham, el hombre tratando de valerse por sí mismo y Dios tratando de tenderle puentes de redención para que volvieran a hacer un equipo como al principio; pero fue una labor muy difícil pues el hombre no solo había aprendido bien a gestionarse a sí mismo por fuera de todo orden divino, sino que también había aprendido a manipular, a sacar provecho de la situación.

En este punto Dios tiene un desafío más. No solo tiene que lidiar con la vergüenza del ser humano, con la dureza de su corazón para confiar, sino que además debe lidiar con un ser humano autodependiente y rebelde.

¿Qué hace el Señor frente a semejante dilema?

Dios se revela a través de favores. Le da dádivas a su pueblo para atraerlos hacia Él. Pero a pesar de que el favor divino es enorme, el pueblo no responde en la misma proporción. Por el contrario, manipula, tergiversa, y hace mal uso de todo lo que el Señor le ofrece. A pesar de que el hombre es desconfiado, obstinado, caprichoso y manipulador, nuestro buen Dios no se da por vencido y sigue adelante con su empresa restauradora. Por supuesto, que cuando tiene que disciplinar lo hace, pero de forma respetuosa y honesta. Como cualquier padre con su hijo indisciplinado.

Sin embargo, llega un momento en que el plan no puede quedarse en un tire y afloje indefinido. Dios es progreso, y avanza siempre aun cuando los indicadores del comportamiento humano parezcan indicar que no hay cómo remediar lo que se ha dañado; el Señor confía en su plan redentor, y es ahí donde el Todopoderoso saca su mejor «as» bajo la manga: el desierto. Para Dios no existe un sitio más eficaz para desarmar la arrogancia humana que los desiertos, pues allí puede contrastar la realidad y desarmar la altivez humana de la manera más rotunda.

Sin confrontación no hay restauración. Y Dios apela a esta potente premisa para llevar a cabo sus planes. El Señor confronta a Israel en un desierto con su realidad. Claramente en un lugar inhóspito ni la arrogancia humana, ni la altivez ni la autosuficiencia tienen la mejor respuesta. Como mencioné anteriormente, en un desierto no hay como evadirse de la realidad, no hay caminos ni vías de escape ni mecanismos de defensa. La única solución es confiar en una fuerza exterior, es decir, en un poder sobrenatural que no está en uno, y eso implica bajar la guardia, ser humilde y esperar.

DIOS SE TOMA EN SERIO SUS PROMESAS

Cuando la Biblia dice que Dios cumplirá sus propósitos, está diciendo que Él selló su designio con un pacto de eternidad que nada ni nadie puede abrogar. Dios cumplirá sus propósitos porque él es consecuente con sus actos y la cobardía no hace parte de su naturaleza.

Normalmente cuando los seres humanos enfrentamos dilemas o impedimentos que se ponen como un palo en la rueda de nuestros sueños o deseos, lo que hacemos es intimidarnos y bloquearnos. Buscamos desesperadamente una excusa que justifique nuestra actitud claudicante y nos aferramos a ella como alimañas en apuros. Pero la Biblia dice que el Todopoderoso no es hombre para mentir, ni hijo de hombre para arrepentirse. Cuando Él llama a alguien y lo sella con un destino y un propósito Él asume el desafío hasta sus últimas consecuencias. Él hace su parte y la hace bien, aunque ciertamente no obliga ni fuerza a nadie a hacer lo que no quiere. Sin embargo, Dios usa todos los medios para confrontarnos y demostrarnos que su fidelidad no es un formalismo de papel, y que Él está dispuesto a llevarnos de la mano al lugar que de antemano nos deparó como destino.

Cuando el hijo de Dios acepta la invitación amorosa del Padre y le entrega su voluntad a Él, le entrega derechos que él se toma en serio. Pero Dios no hace nada sin previo aviso. Si echamos un vistazo al libro de Génesis nos damos cuenta de esta honorable verdad. Dios llama a Abraham en medio de un contexto muy difícil lleno de paganismo y maldad donde cada quien estaba acostumbrado a hacer lo que se les antojaba. Y aun así, Dios decide confiar en Abraham y lo hace partícipe de un plan maravilloso. Sin embargo, en medio del proceso Dios toma la decisión de destruir a Sodoma porque su maldad había llegado a niveles insoportables. Y aunque el Señor tenía todo el derecho a ejecutar sus sentencia discrecionalmente, Él se pregunta si debía ocultarle sus planes a Abraham y llega a la conclusión de que no, (Gen. 18:17). Dios no actúa por asalto. Él es un caballero, un Señor en todo el sentido de la palabra, y por eso es el ser más digno de confianza.

Cuando Él llamó al pueblo de Israel le anunció también de antemano lo que iba a hacer. Les dijo que los iba a llevar al desierto para que le sirvieran. (Éxodo 7:16). La invitación era para todos, pero no estaban obligados a ir. Sin embargo, quien aceptara la invitación, sabía que tenía que ir al desierto a adorar al Rey de Reyes, es decir, a darle a Él el lugar que le correspondía antes de proseguir hacia la Tierra Prometida.

¿A qué iban al desierto?

El pueblo iba a adorar a Dios. Y en compensación el pueblo iba a recibir el respaldo divino. Pero no se trataba de un respaldo verbal, de una promesa hecha al candor de las emociones. No, la promesa tenía cómo verificarse, cómo validarse como verdadera. La Biblia dice que de día había una señala en el cielo en forma de nube que los escoltaba para protegerlos del inclemente sol, y de noche la nube se transformaba en columna de fuego para proveerles calor en medio de los fríos tenebrosos de la oscuridad del desierto.

Así las cosas, el pueblo no llegó al desierto engañado. Dios no se valió de trucos ni artilugios para seducir su voluntad. Desde el principio dejó por sentado cuáles eran sus propósitos: Él quería convertir el desierto en un santuario de adoración, porque nuestro Padre celestial sabe que la adoración es el único antídoto contra la autosuficiencia de la rebelión y el único medio que nos habilita para reconectarnos con nuestro destino.

SIN ADORACIÓN NO HAY DESTINO

En este punto es donde quiero detener tu atención un momento.

Dios sabe que el ser humano es el resultado colectivo de la Caída. Independientemente de nuestra raza, educación, posición social, extrato económico, todos arrastramos en alguna medida los rezagos de la rebelión primera que nos hace vivir como la canción de Frank Sinatra: a mi manera. Es decir, como voluntades independientes del Creador. Y esa es la verdadera causa por la cual muchas veces no florecemos al límite de nuestras capacidades. Porque asumimos que la bendición del Padre funciona separada de la adoración. Y no es así. Nuestro primer llamado en esta vida no es hacer y deshacer. Es adorar. Isaías entendió de forma contundente este concepto y lo dejó consignado como norma suma para el pueblo: «todos los llamados de mi nombre; para gloria mía los he creado, los formé y los hice». (Isaías 43:7). La adoración es el vehículo natural que nos capacita para lograr el estándar divino, para ser completamente según y de acuerdo al diseño divino. Pero no adorar a un Dios extraño y lejano, sino a uno que está presente, que es Jehová Shama, que habita y está en medio nuestro, pero no como testigo mudo o tímido espectador. Él habita en nuestro entorno como restaurador, como guía y custodio de nuestro destino.

Ya antes mencioné que una de las consecuencias de la Caída es la sensación de abandono, de estar solos en la vida lidiando con la voracidad del tiempo y abriéndonos camino a empellones para no quedar relegados. Muchos cristianos a pesar de conocer las Escrituras y de tener un corazón sensible a la voluntad del Padre lidian constantemente con esa sensación de abandono y soledad, y les cuesta depender de alguien que no sea ellos mismos.

Prueba de ello es la ansiedad con la que viven la vida. Se la pasan enfocados en el hacer porque creen que haciendo esto o aquello lograrán llenar los enormes vacíos existenciales. Pero si las cosas fueran así, entonces los ricos de este mundo serían las personas más plenas que existen, y las evidencias continuamente dejan entrever que no es así. A cada rato conocemos por los distintos medios de comunicación que un famoso, forrado en lujos y excesos, se suicidó o murió por una sobredosis de barbitúricos, porque en medio de su fama y abundancia no encontraron el antídoto contra la sensación de soledad y abandono que los atormentaba.

Ciertamente las cosas no llenan el alma humana. Esta solo se llena con alguien del tamaño de Dios. Y aunque para muchos esto suena una teoría bonita en el papel, es una verdad que no es de papel, esa es la esencia de la vida humana. Fuimos creados para adorar, para vivir Coram Deo, es decir de cara a Dios, y la única forma de cumplir ese designio es adorando.

La razón por la cual Dios nos lleva al desierto, llámese como se llame, es para ponernos en perspectiva de esta verdad.

Las necesidades del alma humana no las suplen, ni la comida, ni las comodidades, ni la tecnología, ni las personas, ni los viajes, ni esto o aquello, lo único que da sentido de plenitud es la presencia continua de Dios en nuestras vidas. Y esa presencia solo es posible cuando somos confrontados en los desiertos (prototipo de las pruebas). Como hemos visto a lo largo de este libro, Él es el pan de vida que descendió del cielo, y es el único alimento que garantiza saciedad continua. Todo lo que viene por medio de la autosuficiencia humana tiene efectos limitados y es volátil como la materia gaseosa; en otras palabras, es una ilusión que dura un suspiro. Pero Dios no es ilusión, es realidad y es continua. Sin embargo, para disfrutar de esa dimensión constante tenemos que aprender a convertir nuestra vida en un santuario de adoración.

Antes de que Cristo viniera al mundo, la adoración estaba ligada a los ritos, a los símbolos sagrados, a lugares geográficos específicos. Pero la obra del Calvario quitó los límites y amplificó los patrones de adoración. En la cruz del Calvario la adoración dejó de ser un momento para convertirse en un estilo de vida, en una forma continua y permanente de estar conscientes de que fuimos llamados para la gloria de Dios.

Ahora bien, la adoración no es una acción unidimensional. Tiene efectos y consecuencias. La Biblia dice que cuando vivimos para adorar y estamos en completa sujeción, Dios suplirá todas las cosas que necesitamos conforme sus riquezas en gloria.

Tenemos al pueblo de Israel como espejo retrovisor para constatar que así es. Aunque el desierto era duro, tosco, intimidante, completo, no solo desde el punto de vista geográfico y climático, sino espiritual, mientras ellos cargaron el Arca del Pacto con actitud de adoración genuina, Dios se encargó de «velar» por ellos. No les faltó nada, ni sombra, ni calor, ni sustento, ni compañía. Él los escoltó para defenderlos de sus enemigos: Él fue su escudo y su defensa.

LOS DESIERTOS VS. LA VIDA

Si bien en cada capítulo de este libro hemos abordado el desierto desde una perspectiva particular, es decir, desde una órbita simbólica o contextual, es importante señalar también que los desiertos como estados situacionales no solo aluden a momentos, procesos o circunstancias individuales. La vida misma, en su sentido global, es un gran desierto, donde normalmente las condiciones son difíciles, y la supervivencia es compleja. Y quiero aprovechar el último tramo de este discurso para ahondar un poco en esa idea.

Como cristianos que están en un proceso constante de crecimiento y madurez, nos vemos avocados a enfrentar situaciones de desierto personal como parte de nuestro aprendizaje y formación, pero debemos entender también que la vida misma es un desierto extendido, por cuanto Dios ha sido desplazado de cada esfera de la sociedad y reducido casi que exclusivamente a una experiencia mística o religiosa. Para nadie es un secreto que como generación vivimos épocas peligrosas, estériles y donde los principios cristianos han sido reemplazados sistemáticamente por el secularismo rampante en el que prima el subjetivismo moral y donde cada quien es dios de su propio destino. Esa es la época que nos tocó y no podemos pasar por alto esa realidad. Hoy en día ser cristianos de integridad es muy difícil, por cuanto tenemos detractores por todos lados. La tentación del secularismo está en todas partes, desde los medios de comunicación, el arte, la música, la educación, la política, etc., ofreciéndonos la posibilidad de vivir cómoda y plácidamente a nuestro antojo, sin necesidad de estar sometidos a nadie más que a nosotros mismos.

Si tomamos el mundo actual por la parte moral, vemos que es un completo desierto donde prima la perversión y el irrespeto a toda forma de autoridad espiritual. Si nos vamos por el lado de la economía ni qué decir. Cada día se trabaja más y el sueldo cada vez alcanza menos para suplir las necesidades de las familias. Si nos concentramos en los hogares la historia es más compleja todavía. El núcleo familiar se ha desintegrado tanto que ya los hijos no respetan a los padres y los padres no saben cómo educar a sus hijos. La queja de muchos padres es que los hijos se les salieron de las manos. La tasa de divorcios crece a ritmos alarmantes y la violencia doméstica está disparada como nunca antes en la historia. Los índices de suicidios infantiles crecen a velocidades abrumadoras y las adicciones parecen un cáncer colectivo que nadie puede detener. Y podemos seguir segmentando la sociedad y veremos que la desesperanza y la desilusión parece ser el único panorama que nos rodea. El mundo actual es un completo desierto global en muchos sentidos, y sin embargo, es la época en la que Dios nos puso como testigos de su gloria. ¿Cómo hacer para no caer en las garras del escepticismo y ser cristianos de esperanza en medio de tanto caos?

Volver los ojos a Dios y a su Palabra y reconocer que Él no ha perdido el control. La clave está en adorar y dejarlo ser el Señor por encima de las dificultades. Él ha prometido cumplir su propósito y lo hará siempre y cuando cada uno de nosotros lo dejemos ser el Rey soberano de nuestras vidas. Del mismo modo que Él cuidó de Israel en el desierto y veló por su bienestar de día y de noche proveyéndoles el sustento que necesitaban, lo hará con cada uno de nosotros. La Biblia dice de la siguiente manera: «Mi Dios, pues, suplirá todo lo que os falta conforme a sus riquezas en gloria en Cristo Jesús». (Filipenses 4: 19). Y no quiero que pienses tanto en la palabra suplir sino más bien en la palabra «todo». Porque muchas veces se nos olvida que Él es un Dios de toda gracia, y que su gracia es suficiente para suplir todo de forma abundante y generosa. Si necesitamos protección Él ha prometido ser nuestro amparo y fortaleza. (Salmos 46:1). Si necesitamos salud, Él dice que Él es quien sana todas nuestras enfermedades. (Salmos 103:3). Si necesitamos alimento, la Biblia dice en 2 Corintios 9:10 una palabra increíblemente asombrosa: «Y el que suministra semilla al sembrador y pan para su alimento, suplirá y multiplicará vuestra sementera y aumentará la siega de vuestra justicia».

Como vemos, no hay área en la vida humana que Dios no puede suplir. Todo lo que debemos hacer es creer y agradecer. Él solo nos pide eso: tener un espíritu de gratitud y alabarlo por lo que Él es. Si observamos el tránsito de Israel por el desierto ellos tenían condiciones físicas muy difíciles y en cada situación el Rey de gloria les brindó sustento. Por su puesto que había una demanda para que su gracia protectora no cesara: adorar, agradecer y marchar adelante.

En la medida que el pueblo adoró y tuvo espíritu de gratitud y fue diligente en lo que le correspondió, Dios estuvo como su escudo protector y no permitió que nada ni nadie les hiciera daño.

Y esa fórmula sigue vigente en nuestros días, sin importar qué tipo de desierto estemos pasando.

LA CLAVE ESTÁ EN DARLE LUGAR A LA PRESENCIA DE DIOS

La única cosa que nos inmuniza contra la desesperanza y la frustración es el otorgarle lugar a la presencia de Dios. Para ellos debemos entender que lo que el Padre celestial no llena, ninguna otra cosa tampoco lo hará. Solo Él es capaz de suplir y llenar cada área de nuestras vidas de manera que podamos experimentar verdadera plenitud. No obstante, para que eso sea posible necesitamos darle lugar a su presencia. En otras palabras, cultivar una vida de comunión por medio de la oración, la adoración y la reflexión de su palabra, de modo que nos integremos a su voluntad de forma decidida y constante. Esto implica, por supuesto, dedicar tiempo, dejar los afanes de la vida y reconocer que por más que nos esforcemos y tratemos de hacer las cosas en nuestras fuerzas o a nuestra manera no va a ser suficiente para transformar la realidad del desierto en un jardín de rosas. La Biblia es clara cuando dice que en el mundo tendremos aflicciones, pero que confiemos en el que ha vencido al mundo. (Juan 16:33). Pero para poder confiar en alguien hay que estar cerca de esa persona. Como ya mencioné, la confianza es el resultado de un vínculo íntimo y constante. Por lo tanto, no se trata de confesar sino de experimentar la confianza por medio de la intimidad diaria. Y para eso necesitamos reconocer que Dios está presente, que Él no nos ha abandonado a nuestra propia suerte.

Una de las cosas más desafiantes para el ser humano contemporáneo es soltar el control, es dejar la autosuficiencia y confiar en el otro, debido principalmente a que hemos sido defraudados por las personas de nuestro círculo íntimo, o incluso por aquellas figuras de autoridad que se suponían debían velar por nuestro bienestar.

Es innegable que cargamos con una estela de inseguridad que nos hace desconfiar hasta de nuestra propia sombra, y eso se refleja a la hora de darle lugar a la presencia de Dios en nuestras vidas, pues casi que inconscientemente damos por hecho que Él también nos fallará o nos abandonará. Pero no es así. Si hay algo que Dios sabe hacer bien es ser un buen padre. Él cuida de sus hijos y suple nuestras necesidades siempre y cuando aceptemos que su paternidad es real y no solo un formalismo lejano.

No puedo terminar este capítulo, sin invitarte a reflexionar y orar. Por un instante piensa en todos aquellos momentos difíciles en los que te has sentido abandonado o abandonada y sin ningún tipo de esperanza, donde te era difícil reconocer que ahí estaba Dios infundiéndote aliento del cielo. Quizás en el momento de mayor dificultad no viste más que nubes negras alrededor, pero luego cuando pasó la tempestad y viste la realidad en su contexto, reconociste que el Señor siempre estuvo allí asistiéndote y sosteniéndote de su mano. Ciertamente todos tenemos experiencias donde casi hemos llegado al límite de no poder soportar más, y aun así, luego hemos tenido que reconocer que la buena mano del Padre celestial fue la que nos sostuvo durante el duro proceso. Sea cual sea tu situación presente, o ya sea que estés viviendo en una favorable temporada de victoria, reconoce que la presencia de Dios es la única que nos garantiza un tránsito eficaz por los desiertos de la vida, ya que la única plenitud que no depende de cosas, personas, o situaciones, es la que la brinda la continua presencia de Dios en nuestras vidas.

Capítulo 9

DESPERTAR A CRISTO EN NUESTRAS VIDAS

Desde que era muy pequeño he estado familiarizado con la conocida narración que se encuentra en el evangelio de Marcos capítulo 4, titulada «Jesús calma la tempestad». Creo que todo cristiano juicioso en su lectura de las Escrituras conoce de sobra el contexto de este episodio de la vida de Jesús, y sobre las instrucciones que le da a sus discípulos respecto a su deseo de pasar con ellos al otro lado del lago. Sabemos que mientras Jesús y sus discípulos atravesaban el lago en una barca se desató una tempestad, tan fuerte y amenazante, que los discípulos dieron por hecho que iban a naufragar y por eso se asustaron terriblemente.

Luego de usar toda su experiencia y de agotar hasta el último recurso para mantener bajo control la situación, se hallaron tan atemorizados que no les quedó más remedio que agotar su última instancia: apelaron a Jesús.

Sin embargo, lo más anecdótico de la situación no era ni lo amenazante de la tormenta, ni la falta de pericia de los discípulos para manejar la situación, siendo algunos de ellos pescadores profesionales y expertos en manejar contingencias del clima como la que se les estaba presentando.

Lo que más llama la atención en el relato en cuestión, es que mientras los discípulos sufrían las verdes y las maduras para tratar de mantener la barca a flote en medio de la tempestad, Jesús dormía cómoda y mansamente en la popa, totalmente ajeno a lo que ocurría a su alrededor. (Marcos 4:38).

Cuando los discípulos vieron a su maestro completamente desapercibido de la situación entraron en una especie de histeria colectiva; es fácil inferir por cómo está relatado el hecho que estaban indignados y que casi no podían dar crédito a lo que estaban viendo. Fue tan grande su sorpresa que increparon a Jesús con las siguientes palabras: «¡Maestro! ¿No te importa que nos ahoguemos?». (Marcos 4:39 NTV).

Quizá los discípulos esperaban que Jesús se despertara y, al ver la algarabía que ellos habían formado a causa del pánico que sentían, se contagiara de su histeria o entrara en pánico y empezara a correr de un lado para el otro mientras trataba de concebir un plan de acción. Pero no, la reacción de Jesús fue asombrosa calmada. Dice la Escritura que el Señor se levantó sin dar señales de aspaviento y le ordenó a las olas y al viento que se silenciaron y se calmaran.

Luego, mirando a sus discípulos a los ojos, les hizo una pregunta insólita: «¿Por qué tienen tanto miedo?». (Marcos 4: 40, NVI). Pero no se quedó ahí, remató con otra pregunta igual de confrontante: «¿Todavía no tienen fe?». (Marcos 4: 40b).

Siempre que leía este pasaje me quedaban más inquietudes que respuestas. La primera y más abismal de todas, ¿cómo fue posible que Jesús se quedara dormido en plena tormenta?

Recuerdo que cuando era muy pequeño mi familia y amigos siempre se burlaban de lo pesado que es mi sueño, pues afirmaban, jocosamente, que yo era de los que se podía quedar dormido «en un filo de un machete» o «cuidando un tigre». Además, he tenido la oportunidad de estar en un barco, y aunque nunca me ha tocado enfrentar una dura tormenta, sé lo incómodo que puede llegar a ser la navegación de un barco cuando la marea se pone demasiado pesada. También sé lo difícil que puede llegar a conciliar el sueño en un barco con condiciones climáticas adversas.

Pues bien, al hacer una conexión reflexiva entre mis experiencias y el episodio en cuestión, comencé por interesarme en profundizar un poco en el relato de Marcos 4 y la terrible encrucijada que vivieron los discípulos a bordo de aquella barca en el mar de Galilea. Uno de los aspectos más relevantes de esta historia tiene que ver con la actitud de Jesús frente a una circunstancia común, y lo que el maestro esperaba de los discípulos en relación a la misma.

Siempre me ha llamado la atención que Jesús no utilizó aquella circunstancia para hacer alarde de su poder o su personalidad, ni para recriminarle a sus discípulos la volatilidad anímica frente a una circunstancia que no tenía nada de extraordinaria, pues una tempestad no es un fenómeno aislado ni desconocido para cualquiera que viva cerca al mar. Lo interesante es que Jesús enfoca toda su atención en una de las debilidades espirituales más grandes que puede tener el ser humano, y tiene que ver con el tema de la fe.

Los estudiosos de la Biblia coinciden en señalar que para cuando ocurrió este evento tutelar en la vida de los discípulos ya habían pasado, por lo menos, tres años de vida en común. Por lo tanto, Jesús esperaba que el trabajo del discipulado que Él había ejercido en su «círculo más íntimo de seguidores» tuviera un impacto tan profundo como para afianzar su nivel de confianza frente a cualquier contingencia de la vida. Sin embargo, tener a Jesús cerca y haberlo visto en una dimensión de poder como ningún ser humano lo había visto, no había sido suficiente para que los discípulos tuvieran un nivel de fe capaz de superar cualquier dificultad. En consecuencia, el temor seguía siendo un elemento condicionante en la vida de los apóstoles. De ahí la pregunta de Jesús «¿Por qué tienen tanto miedo?».

Hay que dejar algo claro: Jesús no estaba sorprendido de que sus más cercanos tuvieran miedo. No, el temor no es el elemento interesante, pues es algo inherente a la condición humana. Lo que realmente sorprendió a Jesús fue la «cantidad de miedo». La versión NVI hace referencia a la cantidad de miedo a través del adjetivo «tanto», mientras que la Reina Valera enmarca el temor con el adverbio «así». De modo que, tanto y así, son indicadores de cantidad, y es esa proporción de miedo lo que realmente sorprendió al Maestro.

Sin lugar a dudas, Jesús esperaba que mientras más tiempo sus discípulos pasaban con Él, menos fuera el impacto del temor en sus corazones. Y es apenas lógico, pues se supone que mientras más expuestos estemos al conocimiento de Dios menos expuesto estaremos a las injerencias del temor. Sin embargo, a través de la vida de los discípulos podemos ver que no siempre esta ecuación ocurre en ese nivel de proporcionalidad.

Aunque habían visto a Jesús hacer milagros, hablar de fe no como un asunto teórico sino práctico, y lo habían visto vivir una vida continua de fe, aun así, no habían dimensionado realmente esta palabra a través de su propia experiencia.

LA PRUEBA DE LA FE

Saber que Jesús es Dios, y puede hacer determinadas cosas no es suficiente para desarrollar un nivel de fe capaz de superar tormentas. Ni siquiera estar cerca de Jesús es suficiente para tener una fe saludable y plena. De ahí que haya personas que tienen años de años de ser cristianos y tengan una fe tan incipiente y básica como la de cualquier religioso promedio. Lo que realmente produce una fe viva y plena son las pruebas, los desiertos, aquellas circunstancias que son capaces de sustraernos de nuestra burbuja de comodidad y ponernos en perspectiva de la realidad.

Aunque los discípulos habían escuchado cientos de sermones sobre la fe y la habían visto referenciada de múltiples maneras en la vida de Jesús y en otras personas, aún no la había experimentado en carne propia, o en una dimensión lo suficientemente «intensa» que los ascendiera de nivel.

TIEMPO NO ES IGUAL A FE AUTOMÁTICA

Por paradójico que parezca, tiempo no es igual a fe automática. Muchas personas creen que la madurez cristiana es cuestión de tiempo; sin embargo, tal asunción queda desvirtuada con el pasaje que estamos esbozando. Una persona puede vivir cerca a otra por una cantidad determinada de años y, aun así, no llegar a conocerla genuinamente, no llegar a desarrollar un grado de empatía y confianza que garantice «comunión plena». En cambio, una situación difícil, un momentum específico, una dificultad, puede ser la autopista que catapulte una relación a un nivel de total confianza.

¿Cuánto pudo haber durado el complicado trance en el mar de Galilea a bordo de aquella barca? ¿Una, dos, tres horas, un día entero? Póngale usted el tiempo que quiera y se dará cuenta de que fue un lapso de tiempo muy corto en relación con los tres años que los discípulos llevaban caminando cerca de Jesús. No obstante, ese periodo circunstancial, así hubiera sido demasiado corto en relación con el tiempo precedente, fue el detonante definitivo en su comunión con el Maestro.

Los discípulos no fueron los mismos al llegar a la otra orilla. Su nivel de confianza respecto a su Señor había alcanzado una cumbre inimaginable. La confianza que tres largos y continuos años de convivencia no había logrado fraguar, ocurrió venturosamente a partir de un inesperado desenlace: una tormenta.

Lo que realmente produce una fe viva y plena son las pruebas, los desiertos, aquellas circunstancias que son capaces de sustraernos de nuestra burbuja de comodidad y ponernos en perspectiva de la realidad

«¿Quién es éste, que aun el viento y el mar le obedecen?». (Marcos 4:41). En lo personal, me resulta chocante y fastidiosa la pregunta. Parece un chiste, pero no lo es. Después de tres años de estar día y noche con Jesús apenas estaban traspasando un límite que parecía demasiado obvio: el de la confianza. La razón por la que los discípulos todavía no habían desarrollado un nivel de confianza, o fe incondicional en Jesús, es simple y llanamente porque todavía no eran los suficientemente conscientes de quién era su Maestro. Y he ahí el dilema de la fe. A veces creemos que la fe es el resultado automático del tiempo, o es el resultado automático del conocimiento a priori. Pero no, la fe explosiona cuando nuestra consciencia respecto a algo hace *clic* dentro de nosotros. En ese sentido, la conciencia es experiencia vívida. Experiencia no referida, no relatada, sino asumida y vivida y comprendida. El tiempo nos lleva a una probabilidad, pero no necesariamente a una certeza. La experiencia vívida, en cambio, produce una consciencia estremecedora.

Lo que los discípulos vivieron aquella ocasión en la barca fue justamente eso: un nivel de estremecimiento interno que alteraría su confianza de una vez y para siempre.

CONOCIMIENTO NO VIVIDO ES SOLO TEORÍA

Por tres años los discípulos habían estado almacenando información respecto al carácter y naturaleza de Jesús, pero esa información cognitiva no había hecho *clic* de forma radical en sus corazones. Por eso sus mentes todavía seguían siendo atravesadas por la duda y la inseguridad. Sin embargo, a partir de aquel episodio angustioso en la barca, su conocimiento teórico se convirtió en experiencia práctica, y fue a partir de ahí que una relación de simpatía se transformó en una de empatía y comunión plena.

Pero para que ese momento cumbre llegara, Jesús primero debía desarmar a sus discípulos, desnudar sus mentes. Tenía que hacer una especie de *kenosis* (vaciamiento) mental. Demostrarles que el conocimiento humano, por digno y admirable que sea, es una minucia intrascendente e incapaz de llevarnos a algún sitio, por sí solo.

¿Por qué digo esto? Por el contexto de la historia que estamos desarrollando. Una juiciosa observación del pasaje de Marcos deja claro que en la barca iban tres discípulos altamente capacitados en temas marítimos. De acuerdo al evangelio de Lucas capítulo 5, tanto Simón Pedro como Jacobo y Juan (hijos de Zebedeo) eran pescadores profesionales, por lo que explícitamente se infiere tenían cierto dominio de las condiciones del mar. Es de suponer, entonces, que aquella no era su primera tormenta, si uno una de las muchas que quizás habían tenido que enfrentar a lo largo y ancho de su trabajo pesquero. Es claro que ellos estaban familiarizados con las tormentas y sabían qué hacer para esquivarlas. Sin embargo, Jesús aprovecha ese nivel de conocimiento para ponerlos en perspectiva, para contextualizarlo en la realidad espiritual.

Así las cosas, Jesús usa algo familiar para llevarnos a lo sobrenatural. En otras palabras, usa algo ordinario, común, para llevarlos a algo extraordinario.

El mensaje no puede ser más claro. Normalmente la barrera más grande de nuestra fe no es ni el diablo, ni las circunstancias, ni la familia, ni nada distinto a nuestra autoconfianza. La razón por la que la fe de muchos cristianos es tan quebradiza y frágil como el de las galletas polvorosas que se venden en muchas panaderías, es precisamente porque está velada, opacada, por nuestra propia confianza.

Por increíble que parezca, nuestro dominio en cierto tema o materia, suele ser el principal enemigo espiritual. Dios sabe eso y por eso nos confronta y nos pone en perspectiva, no para humillarnos, ni dejarnos en ridículo, sino para «pasarnos a la orilla de lo verdadero y genuino».

Por eso no es de extrañar que Jesús use precisamente aquellas cosas, personas o circunstancias en las que realmente tenemos enraizada nuestra confianza, para vaciarnos mentalmente y ponernos en perspectivas de su grandeza y acrecentar nuestra fe de la manera correcta.

Cuando una persona confía tanto, tanto, en su capacidad de gestión empresarial, o en una persona, o una realidad específica, que no hace más que alardear, consciente o inconscientemente, de sus magníficas habilidades comerciales o sus relaciones, entonces Dios usa precisamente esa circunstancia donde nos movemos como pez en el agua para demostrarnos que el conocimiento humano sin la intervención divina, es una absoluta necedad. Por eso llegan las crisis económicas, una quiebra inesperada, un embargo sorpresivo, un robo, un desfalco, una ruptura, una pérdida, etc. ¿Con qué fin? ¿Para achicopalarnos? ¿Para destruirnos? No, todo lo contrario; para salvarnos. Sí, para salvarnos de nosotros mismos. Para salvaros de nuestra arrogancia, auto-dependencia, prepotencia y de todo aquello que nos distraiga del Único que realmente es digno de confianza.

¿Recuerdan la parábola del joven rico? (Mateo: 19:16-26). Creo, sin lugar a dudas, que ese pasaje ilustra a cabalidad el tema en cuestión. Cuando analizamos detenidamente la vida del joven rico nos damos cuenta de que sus intenciones eran buenas, justas, sinceras. Él genuinamente quería alinear su vida a la voluntad de Dios y había soportado esa intención, guardando religiosamente los mandamientos. Sin embargo, seguía habiendo un palo en la rueda de sus buenas intenciones: su confianza interna, es decir, sus motivaciones esenciales seguían dependiendo de las cosas y no del Señor de las cosas. Las riquezas no eran su mayor obstáculo como a veces solemos creer, sino «su dependencia emocional de esas cosas».

Por eso no es de extrañar que Jesús use precisamente aquellas cosas, personas o circunstancias en las que realmente tenemos enraizada nuestra confianza, para vaciarnos mentalmente y ponernos en perspectivas de su grandeza y acrecentar nuestra fe de la manera correcta.

Aunque había rectitud moral en la vida del joven, resultado de su observancia de la ley, no hay rectitud espiritual, por cuanto su dependencia emocional seguía dependiendo de las cosas visibles y no del Dios de lo invisible. Y cuando tuvo la oportunidad de alinear rectitud moral con rectitud emocional, no pasó la prueba, porque eso implicaba dejar de confiar en una fuente de sustento visible, para confiar en una fuente suprema invisible. Ya todos conocemos el desenlace de la historia.

Cosa muy parecida vivieron los discípulos. Por tres años ellos habían estado caminando con Jesús, y como resultado de esta convivencia su vida moral había progresado mucho. Creo que nadie se atrevería a poner en duda eso. El problema es que la rectitud moral y la rectitud emocional no necesariamente se alinean por el mismo paralelo. Uno puede ser maduro moralmente, pero inmaduro emocionalmente, o viceversa. Hay personas que tienen una fe incuestionable y una capacidad emocional de esperar en las promesas de Dios y ver milagro en ese aspecto como pocos, y aun así, tener una vida moral bastante cuestionable. Otros en cambio, se les facilita vivir en pureza moral y dominar sus ímpetus carnales de manera más exitosa que otros, pero en el terreno de la dependencia emocional son unos completos bebés espirituales: son completamente autodependientes o circunstanciales, y en ese aspecto su fe es muy «terrenal», y por ese motivo no son integrales, pues les cuesta alinear lo moral con lo espiritual.

La iglesia actual quizás está llena de gente moralmente muy capaz. No fuman, no toman, no fornican, no roban, son buenos ciudadanos, tienen un vocabulario cristiano apropiado, pero aun así, muchas veces las personas no conocen la plenitud del evangelio, porque emocionalmente viven dudando del poder de Dios en las otras áreas esenciales de sus vidas, y cuando viene una tempestad en el área de la salud, las finanzas, la familia, etc., entran en un conflicto terrible, porque la duda se atraviesa como un palo en la rueda de sus emociones que les impide ver más allá de la negrura de sus circunstancias.

Recordemos que a pesar de que los discípulos tenían a Jesús presente en la barca, y sabía que Él era Dios encarnado y esa exposición continua a las enseñanzas del maestro había logrado alinearlos moralmente a la voluntad divina, aún persistía un abismo emocional que les impedía alinear el resto de áreas de vida. Todavía seguían siendo niños emocionales que dependían de lo que veían objetivamente. Por eso su impulso primario fue recurrir a su propia capacidad de gestión para sortear la crisis. Como algunos de ellos eran pescadores y, por ende, estaban familiarizados con las contingencias del mar, se apoyaron en su autoconfianza para tratar de sobreponerse a la crisis. Nótese que ellos buscaron a Jesús como una última instancia; es decir, cuando su capacidad de reacción fue agotada sin ver los frutos esperados. De hecho, cuando buscaron al adormilado Jesús, no fue para poner su confianza en Él sino para increparlo con un vivaz y sonoro reclamo: «¿no te importa que nos ahogamos?». (Marcos 4: 38b NVI).

Hay un proverbio que dice que hierro con hierro se aguza (Proverbios 27:17), y es totalmente cierto. Y como dicen la canción, golpe con golpe se paga. Pues bien, Jesús les responde con otra pregunta igual de sonora y vivaz: «¿Por qué tienen tanto miedo?¿-Todavía no tienen fe?». (Marcos 4:40 NVI).

Si nos fijamos bien dentro de esas dos preguntas descubrimos implícitamente una gran verdad: miedo y fe no son amigas, no se toleran, por lo tanto, no pueden habitar un mismo corazón. La pregunta de Jesús es desafiante en extremo: ¿Por qué tienen tanto miedo y todavía no tienen fe? Justamente por eso. Porque donde hay temor no hay fe. El temor es cosa seria porque es mal compañero de viaje, pues copta toda la atención, arrinconando la fe de tal manera que termina desterrándola.

El problema del joven rico es que quería tener fe sin soltar el temor. Creía que fe y temor eran compatibles y no reñían de modo alguno. Por eso Jesús lo pone en perspectiva, y lo desafía a escoger entre la fe y el temor. La manera como el temor saldría de la vida del joven rico era dejar de confiar en las cosas materiales y prueba de ello era entregándola a los pobres. Pero el joven no fue capaz. Cuando tuvo que escoger entre la fe y el temor, escogió el temor.

Ahora vemos a los discípulos frente al mismo dilema: temor vs. fe. Lo curioso es que los discípulos no son capaces de responderle directamente a sus discípulos, y la única manera de dilucidar su espanto o asombro (así lo describe la Biblia) es preguntándose entre ellos «¿Quién es este, que hasta el viento y el mar le obedecen?». (Marcos 4: 41 NVI).

El temor tiene un poder tan envolvente que es capaz, incluso, de velar y opacar la misma grandeza de Jesús.

El mensaje no puede ser más rotundo para el cristiano de hoy: estar cerca del Señor no es garantía por sí mismo de conocerle. Caminar con el Maestro no es garantía de tener una fe sólida y robusta. Se puede ser religioso, sí, pero no íntegro. Se puede tener un estándar de moralidad, sí, pero incluso, seguir viviendo por vista, seguir dependiendo de las circunstancias.

¿Qué vieron los discípulos?

Primero su mirada se enfocó en la tormenta. Y fue tan grande su temor que creyeron que iban a perecer. Por eso recurrieron a la autoconfianza, haciendo lo que sabían hacer. Pero no solo sus ojos vieron eso. También vieron a un Jesús dormido y desapercibido que parecía completamente ajeno a su realidad temporal. Por eso su indignación fue mayor, a tal punto que lo increparon casi con furia contenida.

He aquí un cuadro de la realidad espiritual de muchos cristianos. Alardean de tener a Jesús en sus vidas, de compartir con Él permanentemente, y, sin embargo, tienen una dislexia que le impide ver el cuadro en perspectiva.

EL AMOR ECHA FUERA EL TEMOR

Tener a Jesús en la barca (prototipo de mi realidad continua) no es garantía si el temor sigue siendo el regidor natural de nuestras emociones. No existe peor alucinógeno espiritual que el temor, por cuanto no solo nos adormece a nosotros, sino que adormece al espíritu de Dios en nuestras vidas. El temor es tan potente que nos hace autodependientes, nerviosos y faltos de la verdad.

Por eso la Biblia es clara. Si el amor no echa fuera el temor, entonces, no vamos a poder desarrollar una vida de fe que nos lleve a la otra orilla: a la de la madurez espiritual y a la de una vida cristiana victoriosa.

La buena noticia es que Dios está tan interesado en llevarnos a la orilla de la madurez, que Él tiene un plan de choque para librarnos de eso «alucinamientos» espirituales. Los desiertos son la herramienta perfecta para despertarnos a una realidad mayor, a la realidad donde la fe deja de ser un simple concepto para transformarse en algo vivo y tan poderoso que me lleve a vivir en la dimensión del amor pleno que es Jesús.

El Verbo, que es Cristo, no solo quiere habitar entre nosotros como *logos*, en forma de idea, de religiosidad, sino habitar en nosotros como un poderoso *rema.*

Antes del episodio de la tormenta en el mar de Galilea, Jesús habitaba con los discípulos en forma de logos, de la palabra no revelada. Pero fue la tormenta la que hizo que esa palabra, o logos, se despertará en forma de rema, palabra revelada. Y fue a partir de ese momento que los discípulos dejaron de vivir por vista para vivir por fe. El temor dejó de ser el timón emocional que condicionaba sus motivaciones para dar paso a una dimensión de vida integral que les permitió avanzar en el proceso de formación.

La Biblia dice expresamente que Jesús vino en forma de logos, verbo. El verbo fue hecho carne y habitó entre nosotros. Pero el pueblo de Israel desechó el logos y no permitió que fuera rema (Juan 1:14). A los suyos vino y lo suyo no le recibieron. Pero a todos los que le recibieron él les dio potestad de ser hechos hijos de Dios. No obstante, creer en Jesús eso una escala intermedia en el camino hacia la realidad plena. Tener a Jesús en la barca de la vida cotidiana es solo un aspecto del privilegio. El privilegio se vuelve realidad plena cuando el logos, la palabra se transforma en rema, en revelación viva y eficaz.

Sin embargo, esta revelación solo es posible en los desiertos que Dios ha preparado para mostrarse en su total dimensión.

Aunque los grandes profetas del Antiguo Testamento tenían el logos en forma de ley, ordenanzas, estatutos, y eso les permitió desarrollar ciertos atributos morales, siguieron viviendo por vista y no por fe. Su concepción de la grandeza de Dios siguió siendo velada por el temor, por las circunstancias. Fue solo hasta que el logos se hizo rema que sus vidas fue transformada consistentemente.

Los grandes personajes de la antigüedad como Abraham, Jacob, Isaac, José, Moisés, David, Elías, Isaías, etc., tenían información acerca de Dios y eso no fue suficiente. Fue cuando esa información se convirtió en experiencia a través de los desiertos y las pruebas, que sus ojos espirituales se abrieron a una dimensión de poder que cambió radicalmente sus vidas y sus ministerios.

Job, por ejemplo, conocía a Dios, y eso le permitió tener una actitud moral aceptable. Pero fue después de las pruebas y el trato de Dios que su actitud moral se transformó en una relación vital con su Creador. En palabras de Job, conocía a Dios de oídas, pero a partir de las pruebas empezó a conocerlo por experiencia directa. (Job 42:5).

Cuando Dios nos llama a ser sus hijos, no solo lo hace para que lo conozcamos a través de las Escrituras. Él quiere revelarse singular e individualmente. ¿Cómo? Por medio de las pruebas.

Recordemos que fue Jesús quien le dijo a sus discípulos «pasemos al otro lado». Jesús sabía que vendría una tempestad, y que está tempestad sería para que su fe fuera probada. De la misma manera, Jesús nos lleva por medio de tempestades, para que nuestra fe sea probada. Para ver si la palabra que está en nuestra vida está activa o está dormida. Para saber si conocemos a Dios como logos o rema. Pues es en medio de la tormenta en la que somos llevados a activar la palabra, las promesas en nuestra vida. Fue justamente en la tormenta cuando los discípulos decidieron despertar a Jesús en su barca.

En el plano lingüístico, de las palabras, se dice que un texto solo tiene significación plena, cuando las palabras dejan de ser logos, es decir, meros símbolos, o signos gramaticales para convertirse en rema, en información comprendida. Las palabras por sí solas no dicen nada si no están estructuradas y cohesionadas en torno a conceptos e ideas familiares para el que lee. De la misma forma, Dios deja de ser alguien lejano e intrascendente cuando deja de ser una mera referencia para transformarse en experiencia viva y plena. Sin embargo, entre la referencia y la experiencia, hay un vacío, una distancia que muchas veces está ocupada por el temor, por los prejuicios, por las falsas asunciones.

Los desiertos, las tormentas, las pruebas son justamente la herramienta en las manos de Dios para llevarnos a una dimensión de plenitud espiritual.

Ser espiritualmente sano no significa dejar de cometer ciertos pecados, o dejar de hacer determinadas cosas para hacer otras. Ser espiritualmente sano no es ser religioso ni disfrazar la vida con apariencia de piedad. A su vez, espiritualidad sana significa ser íntegro moral y emocionalmente en todas las cosas. Es decir, depender de Dios en cada aspecto de la vida. Significa que mi confianza en Él, no depende de lo que yo sé objetivamente de Dios, sino de cuánto lo he experimentado relacionalmente hablando.

Despertar y ejercitar nuestra fe, no es algo que ocurre en las cómodas orillas de la abundancia, ni en las burbujas de confort emocional o espiritual. La fe deja de ser una palabra escrita en un texto, o en un sonido verbal dicho con los labios, que se lee o se pronuncia sino algo que se vive intensamente en medio de las tensiones de vida cotidiana.

Así que, si estás pasando por una tormenta, ¡no te ahogues en ella! Despierta la Palabra en tu vida.

Si estás pasando por un desierto, una tormenta o una dificultad, no claudiques ni mueras en él, no permanezcas 40 años dando vueltas torpemente en torno a la circunstancia como lo hizo el pueblo de Israel. Activa tu fe y cree en la palabra de Dios. ¡Si vives la palabra de Dios!, te aseguro, no te ahogarás en la tormenta; no morirás en el desierto. Podrás decir como el salmista:

«No moriré,sino que viviré, y contaré las obras de JAH». (Salmos 118:17).

Epílogo

A MODO DE CONCLUSIÓN

Los desiertos son una realidad que no podemos esquivar. Tarde o temprano pasaremos por uno y de nosotros depende que se transformen en un santuario o en una tumba. Todo depende de nuestra actitud. Cuando Dios sacó a su pueblo de Egipto lo llevó al desierto a adorar, con la esperanza de que a través de la adoración, Él, el Verbo Eterno, se encarnara como esperanza viva, es decir, se transformara en una realidad verificable y no solo una especulación religiosa. No obstante, el pueblo respondió con dureza de cerviz, con queja y murmuración, con soberbia y altanería, y esa actitud sistemática, a la postre, hizo que el desierto fuera una experiencia amarga y no la oportunidad para conocer un Dios profundamente fiel y cercano. De modo que el pueblo de Israel nos sirve de espejo retrovisor para que no cometamos los mismos errores.

Sin embargo, para no llegar al punto que el pueblo de Israel llegó, debemos comenzar a cambiar de actitud frente a los desiertos. Debemos empezar a mirarlos con los ojos con que el Señor los ve y no como normalmente pensamos que son. Dios ve el desierto como el escenario perfecto para Él revelarse completamente como es. Fue en un desierto donde Moisés vio la gloria de Dios, y donde muchos de los profetas del Antiguo Testamento dimensionaron la naturaleza y carácter del Señor. Basta con hacer un recorrido por la Biblia para reconocer que Dios se reveló y se hizo patente y cercano en un contexto de desierto.

Pero también es importante hacer una distinción entre los desiertos a los que Dios nos lleva por un propósito específico, y los desiertos que son consecuencia de nuestras malas decisiones. El profeta Elías, por lo menos, se metió en un desierto, no llevado por la voluntad de Dios, sino más movido por su cobardía. No obstante, allí el Señor lo sustentó y envió un mensajero a rescatarlo. Lo interesante de resaltar es que Dios no lo dejó allí a su suerte sino que lo asistió física y anímicamente por causa de que sobre él había un llamado y un propósito superior. Y eso es lo que debe prevalecer. Dios es Señor de todo y está sobre todo y aprovecha cualquier situación para glorificarse y cumplir sus promesas. Esa debe ser la más importante conclusión que nos quede luego de pasar por cada página de este libro.

Ahora bien, todo depende de nuestra actitud. En ese sentido debemos ser conscientes de que el tránsito por el desierto no es garantiza nada, si primero no lidiamos con nuestra motivaciones. El hecho de que Dios sea Soberano y su poder se perfeccione en las difíciles condiciones de los desiertos, no significa que las cosas ocurran automáticamente. No. No es así de sencillo. Dios no hace más allá de lo que nosotros le permitamos. Él respeta nuestra libre voluntad y no nos violenta para que hagamos algo que no queremos hacer. No lo hizo con el pueblo de Israel y tampoco lo hará con ninguno de nosotros. Los desiertos son oportunidades para ver a Dios obrar como en ninguna otra circunstancia de la vida, pero como toda oportunidad, no está exenta de condiciones. Es menester dejar la soberbia, la rebelión y rendir la voluntad para poder ser testigos de esa gloria asombrosa. Y la manera como se prueban nuestras actitudes es por medio de las palabras. La forma como nos expresamos dice mucho del tamaño de la confianza que llevamos por dentro. Por eso en los desiertos las palabras solo tienen dos horizontes: la adoración o la queja.

Cuando un cristiano decide voluntariamente convertir su desierto personal en un santuario de adoración, va a ver la soberana presencia de Dios como nunca antes en su vida. Y en consecuencia, su vida espiritual va a pegar un estirón sobrenatural de dimensiones insospechadas.

Muchas personas pueden llevar años en la vida cristiana y, aun así, seguir siendo niños espirituales. Sin embargo, a partir de convertir el desierto en un santuario el carácter se fortalece, la confianza madura y la intimidad con Dios florece hasta unos niveles nunca antes vistos, de modo que la persona no vuelve a ser la misma.

La tendencia natural, por el contrario, es renegar, quejarse y cuestionar. Y cuando alguien pregunta ¿por qué a mí? tácitamente está dejando entrever que no está de acuerdo y que no acepta la situación como justa. Y las malas actitud siempre comienzan por un por qué a mí de fondo. Los desiertos no son lugares para decir *por qué*, sino *para qué*. Cuando podemos convertir las palabras en nuestros aliados naturales va a ocurrir que el Verbo Eterno se encarna en nosotros hasta producir vida. El evangelio de Juan 1 dice que el Verbo siempre ha estado disponible. Él existe desde el principio porque por medio de él fueron hechas todas las cosas, pero el hecho relevante de ese pasaje no es que el verbo exista desde siempre, sino que exista dentro de nosotros, y para que eso sea posible tiene que haber encarnación. Un óvulo sin fecundación no es nada, aun cuando tenga en sí misma la potencia de la vida. Solo cuando es fecundado por un espermatozoide ocurre el milagro de la existencia humana. Pues bien, Dios quiere encarnarse por medio de su Palabra en cada uno de nosotros y producir un nivel de vida superior que rebase los límites de la solo existencia. Muchas personas existen en el plano de la realidad física, pero no viven la plenitud de su realidad porque la Palabra Viva no ha sido fecundada en sus corazones. Y mientras esto no ocurra el propósito de Dios no se cumplirá.

Cuando el pueblo de Israel fue liberado de Egipto, ellos pensaron que se resolvía el problema de su esclavitud. Pero el cambio de geografía no garantizó nada. Ni siquiera el paso del Jordán fue suficiente para que su ADN espiritual cambiara significativamente de forma que su concepción de sí mismos cambiara radicalmente. Ellos necesitaban renacer a una nueva realidad por medio de la Palabra encarnada. Como vimos anteriormente, Deuteronomio 8 explica las razones que tenía Dios para llevar al pueblo de Israel por el desierto cuando él perfectamente hubiera podido hacerlo de otra manera. El Señor probó el corazón del pueblo y los puso al límite de su necesidad física, para luego suplir esa necesidad con una provisión que venía directamente del cielo: con el maná, prototipo del Verbo Eterno, es decir, de Cristo Jesús. Hasta ese momento los israelitas creían que el problema de su identidad se resolvía pasando geográficamente de una región a otra, volviéndose señores de una porción de tierra. Pero Dios sabía que un pedazo de tierra no resolvía el problema de la identidad de su nación amada. Ellos necesitaban a Dios encarnado, convertido en realidad viva por medio de una comunión de dependencia absoluta. Y fue ahí donde fallaron. Al final la tierra solo acentuó la problemática. Y nosotros sabemos por la historia bíblica lo que eso significó.

Ocurre igual en la actualidad. Muchos cristianos creen que la plenitud de la vida cristiana está en el tener esto o aquello y que una situación temporal puede resolver una situación espiritual, y no es así. Ni las personas, ni las posesiones, ni los títulos, ni las comodidades, resuelven los conflictos del alma humana. El único que puede cambiar dramáticamente y para siempre el panorama de la existencia humana es el Verbo encarnado. Mientras ese Verbo no habite en nosotros seremos simplemente personas religiosas pero no personas plenas.

El Apóstol Pablo lo entendió mejor que ninguno. A pesar de que él tenía títulos, linaje, preparación, mundo interior como ningún otro apóstol, él solo se reconoció pleno y completamente digno cuando entendió que el Verbo debía encarnarse pleanemnte en él. Por eso en Gálatas lo dice así:

> «Con Cristo estoy juntamente crucificado, y ya no vivo yo, mas vive Cristo en mí; y lo que ahora vivo en la carne, lo vivo en la fe del Hijo de Dios, el cual me amó y se entregó a sí mismo por mí». (Gálatas 2: 20).

Pero toda encarnación produce dolor, produce ruptura y sufrimiento. Y Pablo lo deja claro, sin crucifixión es imposible llegar a ese nivel de plenitud. ¿Crucifixión de qué? De la carne. De vivir según y conforme los caprichos humanos. Pero lo interesante de ese pasaje es que Pablo no se atasca en la realidad temporal de la cruz. Culmina el verso diciendo que es Dios, en su amor, el que se entrega por nosotros. De la misma manera que la cruz a pesar de que fue una realidad dura y sangrienta para Cristo, fue solo un momento en su tránsito hacia la gloria eterna. Así que la cruz no se comparaba con la corona de gloria que le esperaba a causa de su obediencia. Y esa debe de ser nuestra esperanza.

No importa que tan grande o conflictivo sea nuestro desierto o la dificultad que estemos experimentando, en el plan divino los desiertos, no son nuestro destino sino el medio para conectarnos a una realidad eterna que supera cualquier sufrimiento temporal. Así como Pablo vio esperanza más allá del sufrimiento, nosotros podemos ver esperanza más allá de la realidad temporal que tengamos que cruzar para alcanzar la plenitud que nos aguarda. Solo cree y confía que no naciste para tener el desierto por tumba, sino para adiestrarte y alcanzar el lugar de tu verdadero destino.

Deuteronomio 8:7-9 dice así:

«Porque el señor tu Dios te conduce a una tierra buena; tierra de arroyos y de fuentes de agua, con manantiales que fluyen en los valles y en las colinas; tierra de trigo y de cebada; de viñas, higueras y granados; de miel y de olivares; tierra donde no escaseará el pan y donde nada te faltará; tierra donde las rocas son de hierro y de cuyas colinas sacarás cobre».

Referencias

Versión Reina -Valera Revisada 1960©Sociedad Bíblica en América Latina,1960
Nueva Versión Internacional
Nuava Traducción Viviente
Diccionario Evangélico de Teología Bíblica de Baker: Grand Rapids, MI: Baker Book House, 1960; McKim, Donald K.,
1y 2. Enebro definición: recuperado en:
https://www.biblia.work/diccionarios/enebro/

www.ingramcontent.com/pod-product-compliance
Lightning Source LLC
LaVergne TN
LVHW101918220826
846093LV00009B/289

* 9 7 8 9 5 8 4 8 7 0 2 9 2 *